U0918775

刘瑞琴 著

独生子女交际能力阶梯培养

让孩子学会处世

作家出版社

自序

孩子是父母的心头肉，孩子的教育是每个家长都非常重视的问题。但是近几年来，孩子在成长的过程中却出现了很多问题。比如有的孩子小时候，从他的各种表现来看，父母总觉得这是一个懂事、聪明的孩子，以后前途无量，并且认定将来一定会在某方面有所建树，出人头地。然而，随着孩子的成长，孩子以前的聪明、懂事似乎没有了，甚至在有的孩子身上还发生了一些让父母痛心、让老师朋友惋惜的教育事故。

为此，我作为一名老师，为了提升本人的教育技能，为了做一个好家长，也为了解决心中的各种疑惑，与工作在教育一线的老师、成功孩子的母亲、教育专家一起组建了“独生子女培养调研小组”。利用暑假及业余时间，我们走亲访友、走南闯北，对不同地域、不同层次的家庭进行调研走访。通过对家长、孩子及培养方式的分析、总结，终于得出了一些拙见，供天下每一位有爱心的父母参考，教育出成龙成凤的好孩子。

本书主要阐述的是孩子交际能力的培养。社会是在交际中进步的，科技是在交际中发展的，一个懂得交际的人会有好人缘，会让难办的事情变得好办，会让比较复杂的问题变得简单，这些我们早已深有体会。而要让孩子有一个较强的交际能力，我们必须要从孩子小的时候抓起，并且最重要的是要进行“阶梯”培养。曾经遇到很多父母对孩子的交际培养很重视，但是胡子眉毛一把抓，甚至把培养大人交际能力的一套放在了孩子身上，最后的结果是孩子不但没有懂得如何交际，而且心里还会感到非常的烦躁。

孩子在不同的阶段接受能力不同，交际需求不同，所以，我们需要阶梯性地、有层次地提升孩子的交际能力。而且，这种培养方式是孩子最能接受的，也是目前效果最好的。

谨以此书献给天下每一位爱孩子的父母，每一位爱学生的老师。

目录

转型——步入社会前的交际引领

提升——强化扩展，提升交际能力

认识
——交际能力是走向成功的基础

有时候我去亲朋好友家串门，一进门，朋友的孩子便热情地与我打招呼，“阿姨好，阿姨请坐。”这时，我总忍不住心中的感受，会说：“这孩子真懂事，气质也好。”其实，让我有此感受的主要原因是孩子的行为，因为行为是气质的表现，如礼貌、谦让、懂得交流、有同情心等。而这些因素可以用一个词来概括，那就是“交际能力”。

孩子交际能力培养重在“阶梯”

在培养孩子交际能力之前，首先我们全面认识一下人际交往能力的含义及所包括的主要因素，以方便我们更加全面地、适度地对孩子展开交际能力的培养。

一、人际交往能力解析

所谓人际交往能力是指妥善地处理自己与组织、他人之间关系的能力，包括与周围环境建立广泛联系和对外界信息的吸收、转化能力，以及正确处理上下左右关系的能力。一般来讲，可以把人际交往能力分为以下几类：

第一，语言表达及思维理解能力。所谓语言表达能力就是指在口头语言（说话、演讲、作报告）及书面语言（回答问题、写文章）的过程中运用字、词、句、段的能力。只有具备了一定的语言表达能力，才能让对方正确理解自己所表达的内容及内心所想。思维理解能力是指能否运用思维正确理解他人所表达的意思。

第二，与人和睦相处的能力。通俗地说，就是能否和其他人打成一片。对于陌生人，我们都有这样的感受，有的人和陌生人第一次交谈，像是老朋友一样，而有的人始终会感到不自然。这种能力与人的个性（如内向、外向等）有极大的关系，但又不完全取决于它，更多的是一种心理上的感觉。

第三，解决问题的能力。这是一个当代很多独生子女面临的最大、最严重的问题。因为是独生，他们的依赖性强，独立解决问题的能力差，再加上应试教育的弊端，因而严重影响了学生的交往能力。

人际交往能力的构成，主要包括以下几个方面：

第一，人际感受能力。指对他人的感情、动机、需要、思想等内心活动和心理状态的感知能力，以及对自己言行影响他人程度的感受能力。比如你的密友最近心情不好，在交流中你能够迅速地感受到，这说明你有一定的人际感受能力。在与朋友交流的过程中，你说了某一句话，你的朋友有一丝不悦，而你感觉到了，这也是人际感受能力。

第二，交际记忆能力。通俗地说，就是记忆力，是指人在交往的过程中，对交往个体的特征、交往时的情景、交际内容及与交际相关的其他方面的记忆能力。

第三，人际理解能力。即理解他人的思想、感情与行为的能力。通过对方所处的环境或者对方的行为、表情等表现方式，站在对方的角度理解并分享对方的观点，从而采取恰当的方式与对方交流。

第四，人际交往想象能力。能够客观、正确地推理对方所处环境的能力。

第五，人际交往行为表达能力。这是人际交往的外在表现，指与人交际的举止、做派、谈吐、风度，以及真挚、友善、富于感染力的情感表达，是较高人际交往能力的表现。

第六，合作能力与协调能力。是指在人际交往过程中，与他人一起完成某件事情的协作能力。

二、交际能力培养与交际标准

也许有些父母看了前面一部分的解析后会认为没有必要，因为这些都是大人的交际需求，而我们针对的是孩子交际能力的培养，有点不实际。

当然，培养孩子交际能力与培养大人交际能力的方法、方式肯定是不同的，但是，培养孩子交际能力的最终目的是要达到以上各因素的指标，也就是说，以上各个因素指标在培养孩子交际能力的过程中是肯定会用到的。所以，掌握认识了交际能力的各个要素及指标，我们在培养孩子交际能力的时候就有了培养目标，这样在操作的过程中才会把握得更加准确。否则，培养起来就会没有章法，达不到应有的效果。

我曾经走访过这样一个家庭，孩子母亲是我同学的一个朋友。孩子的妈妈是某环保局的职工，属于公务员。孩子的爸爸在一个私人企业上班。他们有一个很帅气的儿子叫明明，3岁多。孩子妈妈的工作比较清闲，业余时间比较多，除了上班便就是教育孩子。孩子爸爸虽说工作比较忙，但对孩子的教育也非常重视，经常与孩子妈妈商量教育孩子的方法及对策。

当我们谈到孩子交际能力的培养时，孩子妈妈得意地说："你说的这个，我们早有准备，在明明刚开始学说话的时候我们就开始教他如何与人打招呼，如何喊叔叔阿姨了。你看，现在只要家里来人都会主动打招呼。有点自恋地说，我觉得你说的孩子交际能力培养方面，我们做得很不错。"

我笑了笑，也高兴地说："我说明明怎么这么机灵，我一进门就喊阿姨了，原来都是你们两口子的功劳啊！"

随后，为了完善我这次的调研，我问明明妈妈："你们对明明的交际培养接下来会采取什么样的措施呢？”

明明妈妈依然微笑着说：“我觉得我们之前的方法很好，还是教孩子如何与人交流、沟通吧。交际能力培养不就这些嘛！”

随后，我认真地对这位妈妈的观点进行了客观的纠正……

现实生活中，有很多家长对孩子交际能力培养还如同明明的妈妈一样，处于一种比较模糊的认识状态，大多都觉得培养孩子交际能力就是教孩子如何与人沟通说话！而且对孩子在不同的年龄阶段该培养哪些知识、不该培养哪些知识没有一个清晰的认识。这就造成了虽然很多父母都非常重视孩子的交际培养，可最后的结果却是大相径庭。

所以，孩子交际能力培养应该如同孩子上学一样，必须要有一个阶梯性的增长，小学该学哪些知识、中学该学哪些知识，如此逐步增加，或者说在培养初期的时候该教孩子哪些知识点，在培养中期的时候培养哪些知识点，让孩子有一个逐步认识、逐步提升的过程，这样培养的结果会更好。

独生子女有“特点”

我国是从1979年开始实行计划生育的。从那个时候起，我国的独生子女数量便在不断增多。就拿我们学校来说，目前97%以上的都是独生子女，只有3%左右是非独生子女。非独生子女大多来自农村，家里有两个或更多孩子，随父母来城市打工上学，还有一些是多胞胎孩子。

在教育界，有这样一个问题一直没有定论，有的学者及家长认为，独生子女是问题最多的一代，甚至有“独子难教”的说法；而有些学者及家长认为，独生子与非独生子，同样遵循儿童身心发展规律成长，没有什么区别。那么，事实究竟是怎样的呢？

一、独生子女与非独生子女的交际区别

其实，关于独生子女与非独生子女个性发展问题的争论可以追溯到19世纪末。当时有个心理学家在研究特殊儿童与非特殊儿童时发现，在特殊儿童中独生子女占的比例非常高。他在1898年发表了文章《家庭中的独生子女》，指出独生子女具有特异性，比如他们早熟、爱空想、易怒、固执、虚荣心强、利己性强、合作性自主性差等，被认为是“问题孩子”。但在随后的时间里，吉

尔福德、乌斯塔、芬顿等多名学者通过实验研究认为，独生子女与非独生子女没有明显的差异，甚至有时候的表现还要优于非独生子女，否定了之前的观点。就是如今，也有很多学者对独生子女与非独生子女的个性发展问题持有不同的观点。

客观地说，独生子女与非独生子女的成长环境确实存在一些差异，但是，有些独生子女与非独生子女都非常优秀，没有区别；有些则存在很大差别，其最主要的原因是是否根据孩子的成长环境选择了合适的培养方式。

如对于独生子女的交际培养，我以前一直认为只要关心、爱护孩子，和孩子经常沟通，就一定能够培养出与社会同步、与他人交际沟通顺畅的优秀孩子。但是通过我对这个课题的深入研究后，发现同样是在父母关心、爱护的环境下长大的孩子，有些独生子女的交际能力较强，能够与人很好地沟通，并且很懂礼貌，身边总有一堆孩子围着他玩；而有些独生子女不善于与人沟通，经常独来独往，一起玩的朋友也很少。这说明，一方面，影响孩子沟通能力的因素与孩子是不是独生子女没有多大关系；另一方面，独生子女自身的特点与培养方式是影响孩子沟通能力的主要因素。

不管是独生子女还是非独生子女，都有其优势和劣势。了解独生子女的特点，有助于我们有效地对独生子女进行交际培养。

二、独生子女的优势与“风险”

我有个同学和我一起大学毕业，毕业之后被分配到当地比较偏僻的山区当老师。那里的条件很艰苦，人们都住在山上，吃水需要从山沟里去挑。有一次，我的一位同事说要去体验山区的教学环境，我就带着他去找了我这位同学。

这天是周六，同学说自己要去家访，我就和我同事跟着一起去了。家访的学生是一个一年级的男孩子。这个男孩本来还有一个弟弟，因为男孩舅舅家没有孩子，所以在男孩弟弟刚生下来一个多月就被送到了舅舅家，当时该男孩也只有一岁。从他成长的环境来看，符合独生子女成长环境的特点。走进男孩家的大门，就能感受到家庭贫穷的气息，但让我感到意外的是，当我见到男孩后，发现他的穿着很时尚。走进屋子，沙发上放着和城市孩子一样的漂亮书包，还有城里孩子喜欢的玩具喜羊羊、灰太狼、积木、玩具卡车等等。男孩见到我同学后，微笑着很有礼貌地说："老师好！"

之后，在我和男孩说话的时候，他一点也没有感到胆怯或者紧张，我问什么，他就会很礼貌地回答我，并且思维很清晰。回到学校后我就在想，城市孩子和农村孩子在交际上这不是没有什么区别吗？那为什么经常听有些老师说一些农村孩子很胆怯，沟通能力很差呢？

后来我问我这位同学，"你是怎么教育那个男孩的？怎么和人们观念中的农村孩子不一样？"

她告诉我，有些农村孩子不善于说话沟通，主要是因为一种自卑的心理，他看到别的孩子玩的，他没有；别的孩子用的，他没有，这便会影响他的心理健康发展，使性格变得内向，不爱说话，而且总是羡慕别人。这时如果家长或者老师引导不当，在与他人沟通的过程中，特别是陌生人，就会显得胆怯。

其实，在经济生活水平不断提高的今天，不管是农村还是城市的独生子女，因为是家里的"独苗"，很多家长都非常重视孩子的教育问题，都能够给予充足的条件，付出足够多的精力来教育孩子。此外，在父母爱的呵护与包容下，多数幼儿容易形成活泼、开朗、大方、敢说、敢想的性格特点，这有利于幼儿智力和才能的发展，为孩子交际能力的培养打下了很好的基础。

积极的因素如果运用不当就会变成消极的因素，独生子女的优势也是如此。比如我们前面说到的充足的物质条件与感情支持，如果在孩子成长的过程中引导不当就会变成：过分地照顾，事事替孩子包办，让孩子衣来伸手、饭来张口，这便会造成孩子蛮横、无理、霸道、缺乏独立性；时刻都围着孩子打转，什么事情都顺着孩子，在孩子提出一些无理要求时也是纵容迁就，这样使得一些孩子稍微遇到不顺心的事就大吵大闹，养成孩子以自我为中心，任性、专横的不良习惯，而这些正是交际沟通中的消极因素。孩子将来走入社会，在与人沟通交往中必定会遇到困难，而这些消极因素就会影响孩子以后各个方面的发展。

2011年，我被安排到一年级当班主任。开学那一天，我来到教室隆重地向同学们进行了自我介绍。看到孩子们天真无邪的面容以及清澈的目光，我感到自己特别幸福，并暗暗下定决心，在我当班主任期内，一定好好地培养这帮可爱的孩子。

大约过了一个星期，一件让我意想不到的事情发生了。这天周二，我正在办公室批改作业，听见外边有吵架的声音，我出来一看，有一位母亲情绪激动地与我们班一位代语文课的老师争吵。

这位母亲生气地说："你为什么骂我们家孩子？你看把我们家孩子弄得哭成啥样了？"

老师："我没有骂你们家孩子，是你家孩子抢了另一个小朋友的玩具，小朋友要他不给，还把别人给推倒了。我只是告诉他这样做是不对的，他就哭了。"

母亲："孩子说是你骂他了，难道孩子还会撒谎？再说了，我们家就这一孩子，我们平时都舍不得说，你凭什么说！"

老师："他抢了别人小朋友的玩具，而且最后还摔在地上了，我只是告诉他这样是不对的。”

母亲：“一个玩具有什么了不起？我家孩子从小都是要啥买啥，摔坏了我赔。”

……

后来校长出来后，将这位家长劝阻到办公室，最后校长与这位家长是如何沟通调解的我也没有细问。事后，这位代语文课的老师找到我委屈地说，她的确没有骂那个孩子，那个孩子把另一个小朋友的玩具抢了过来自己要玩，那个小朋友要回他不给，还摔在了地上，并把那个小朋友推倒了。

对于这件事情，我思考了很久，在后来我与该同学的交流中，发现他的确比较霸道、无理，并自以为是，与其他同学的关系也搞得非常不好。从家长的语言中我感受到，造成孩子这种性格的主要原因是家长对孩子的溺爱与放纵，没有正确地培养引导孩子。

有一个细节值得思考，孩子告诉母亲老师骂他了，老师说她没有骂，到底是谁在说谎呢？

如果是老师没有说谎，那么对于孩子来说他可能不认为自己在撒谎，因为从小在溺爱中长大，得不到自己想要的东西，心里便会产生委屈，这时他不会考虑自己的做法是对还是错。一旦老师说他不对，他便以为老师是在骂他，哭泣、回家告状便顺理成章了。如果是这样，对于孩子的成长来说实在是太可怕了！

三、影响独生子女交际能力培养的误区

除了以上溺爱、放纵等影响孩子交际能力的因素外，根据独生子女的特点，以及我所总结的，还有以下几点需要注意。

第一，盲目的夸奖。适当的夸奖能够激发孩子的自信心，但

盲目的夸奖会适得其反。孩子学会了叫“爸爸”，我们一定要夸奖；孩子学会了背诗歌，我们一定也要夸奖，但是同一件事情不要高频率地夸奖。做一般的事情也不要轻易夸奖，否则很容易养成孩子高傲的心理，影响孩子的交际沟通能力。

第二，不鼓励孩子说“脏话”。这看起来似乎很可笑，哪个家长会鼓励孩子说脏话呢？肯定没有。但是，有些家长在无形中却这样做了。在孩子还咿呀学语的时候，家长都期望孩子能够说一个完整的词语或者句子，而却往往忽视了孩子所说的词语或者句子是好还是坏。我亲眼看到过这样一位母亲，在孩子还不会说话阶段，突然有一天说了一句不知道从哪儿学的脏话。母亲看到孩子会说话了，激动地说：“宝宝说得真好，再说一个，快给妈妈再说一个。”这便是一种交际误导。

第三，过分保护孩子。孩子是父母的心头肉，独生子女更是父母心头肉上的心头肉，因此，很多父母对孩子过分地保护。比如为了不让孩子在玩的过程中受伤，把孩子封闭在家中，加以控制和保护；为了不影响孩子的学习，不让孩子和其他孩子玩耍，这样造成了孩子孤僻、胆小、不合群的特点，将来适应社会的能力、与人沟通交际的能力自然变差。

提升独生子女交际能力的重要性

怎样的人才算是一个优秀的人？作为大人的我，有时候也会想很久，但是我知道，要成为一个优秀的人，与性格、自身素质、心理、智力、社会适应力等要素是分不开的，每个向往成功的人都需要不断完善和提高。而这些因素的完善与提高和个人的交际能力有着千丝万缕的联系。

这也就是我为什么这么多年来把培养孩子交际能力作为一个课题去研究，并认真写这本书的原因。现在，你肯定想知道：孩子的交际能力与这些因素到底有何关系？对培养孩子成为一个优秀的人到底会有什么影响？下面我们共同进行逐一分析。

一、孩子的交际类型

在对孩子交际能力的调研中，从交际交往的角度，我总结出了六类最为普遍典型的孩子，在这六种类型中，您一定可以找到您家孩子的影子。

1. 孤独型

特点：这类孩子表现较为腼腆，性格内向，平时不怎么说话，即使父母或者他人主动与其沟通，他也是用几句简单的话应付，且很少主动与父母及他人沟通。

生活实例：晚饭做好了，妈妈对着儿子的卧室喊道："儿子，出来吃饭了！"

孩子没有说话，从屋子走了出来，坐在凳子上，拿起筷子开始安静地吃饭。

"来厨房帮妈妈把汤端一下。"

儿子轻轻"嗯"了一声走进厨房把汤端了出来。饭桌上，妈妈和爸爸一直在聊工作上的事，儿子默不作声地并很自然地吃着饭……

表现形式：经常上网、去网吧，经常长时间地低头做某件事。

2. 善于交际型

特点：这类孩子比较活泼，性格开朗、大方，人缘比较好，能够和任何小朋友玩在一起，有很好的沟通能力，在家的时候经常问父母一些奇怪的问题。

生活实例：为了交通方便，妈妈把女儿转到了一个新幼儿园。这天她带着女儿来到幼儿园，当看到很多小朋友后，女儿主动和大家打了招呼，之后还经常把自己带的好吃的与同学一起分享。

表现形式：经常问父母一些问题，见到长辈会主动问好。能迅速适应新环境，与他人打成一片。

3. 自我型

特点：这类孩子通常以自我为中心，与小朋友在一起玩只考虑自己是否喜欢或者感兴趣，因此，经常会和其他小朋友闹矛盾，甚至大打出手。他们的谦让、合作意识比较淡薄，甚至没有。

生活实例：明明和几个小朋友在院子里玩游戏，因为小朋友们没有按照明明说的方法来玩，明明便把其中一个小朋友推倒了。妈妈说他不应该这样后，明明自己倒委屈得哭了起来。

表现形式：经常独自一人玩游戏，有时还会抢夺其他小朋友的东西。

4. 冲动型

特点：这类孩子在交往中比较积极，会主动和他人沟通，交往意识较强。但是由于理解能力、动手能力等某方面较弱，容易遇到挫折、困难，这时他的控制能力较弱，容易冲动，常常会被其他孩子排斥或者与其起冲突。

生活实例：李敏和三个男孩子一起玩几何积木。他们准备砌一个大大的宫殿，李敏积极地拿着木块，卖力地与大家配合着。但他总是掌握不了技巧，所以，总是在快搭好的时候就塌了，然后他又重新开始，再塌掉，再开始。渐渐地，李敏开始变得急躁粗暴。同伴们也不耐烦起来，将他排除出局。

表现形式：容易生气、哭闹，上学后经常会和其他孩子吵架。

5. 被动型

特点：这类孩子内心很渴望与其他小朋友一起玩，或者和陌生人对话，但又不知道怎么和其他人打招呼，心里总是期望他人能够主动和自己打招呼。

生活实例：丁丁是幼儿园大班的一个孩子，每次上完课休息的时候，总是一个人站在院子边上看小朋友玩耍。有小朋友叫他的时候，丁丁才会和他们一起玩；如果没有小朋友叫他，他会眼巴巴地看着其他小朋友玩游戏，直到结束。

表现形式：不会主动与他人打招呼；但如果他人主动与其打招呼后，他会表现得很积极。

6. 偏交往型

特点：这类孩子交往的朋友比较少，而且这些少数的朋友比较固定，并全是自己所熟悉的人。

生活实例：明辉今年8岁，平时经常和隔壁的小朋友慧慧在一起玩；有时候和大人一样，和慧慧的爸爸妈妈一起聊天。这天，明辉妈妈的同学来家里做客，当妈妈告诉同学明辉是自己儿子时，明辉没有和妈妈的同学打招呼，礼貌地微笑了一下后便低头走进了自己的卧室。

表现形式：面对陌生人打招呼，总有一种胆怯及犹豫的心理。

以上这六种交际类型，相信每一位母亲都能够从中找到属于自己孩子的一类或者多类。而且除第2种类型外，其他几种类型特点都是不利于孩子交际能力发展提升的。当然，如果您发现您孩子的表现符合以上多种类型，请不要担心。因为大多数孩子在成长的过程中都会不同程度地出现以上一些特点，只要我们正确地引导与培养，按照后面的方法去做，就能够培养出一位善于交际的优秀孩子。

二、交际能力对孩子的影响

1. 交际能力的培养与性格

如果仔细观察不同人的性格，你会发现那真的是一件很有意思的事情：性格内向的，他和你坐在办公室一个小时不会说一句话；性格外向的，一个话题能够说两小时，在你没话题的时候，他也能够很轻松地找到话题；性格兼内外向的，有时候话多得如下阵雨，有时候则默默无闻……

在这些不同的性格中，有的能帮助孩子平步青云，如性格开朗、健谈，他们总是有很好的人缘；而有的却成为个人成长过程中的绊脚石，比如性格极度外向、脾气暴躁的，他们总是在不经意间就会得罪他人。因此，一个人的性格非常重要。一个孩子是否有健康的性格，不仅关系到孩子身体的成长，而且还决定着孩子未来人生的走向。

据研究，一个人的性格形成期是在3～6岁之间，也就是说，在这个时期如果不能够养成一个健康的性格，那么在后期进行修正就会变得困难。而据我们分析，孩子在3～6岁这个阶段也是交际能力培养的黄金时期。于是，孩子交际能力的培养与性格养成有了时间上的重合。

活泼开朗的性格对孩子一生都是非常有利的，而这样的性格需要在交往中才能形成。比如有的孩子从小好动，总是主动去找隔壁邻居小朋友玩，在开心交往的过程中便养成了活泼开朗的性格。我们培养孩子交际能力的目的就是要让孩子善于沟通、懂得交流，这一点正好与培养孩子活泼开朗性格重合。

总之，一个不善于交际、喜欢待在家里一个人玩的孩子，长此以往，肯定会形成内向、腼腆的性格；一个善于交际，喜欢和其他小朋友打成一片的孩子，在天真、快乐的过程中，必然会让他的性格开朗、活泼。

2. 交际能力的培养与自身素养

有一年春天，按照学校的工作要求，我带着一个班的学生去郊外春游。班里有两个学生，一个叫王博，一个叫辉辉。因为我没有给他们上过课，只是听老师说这两个孩子比较调皮，平时喜欢打闹。我们出发的时候，老师还特别嘱咐我要盯紧这两个孩子，特别是辉辉。我想，孩子嘛，打打闹闹都是很正常的。

在去一个小山包的路上，王博走在辉辉的后面。突然间，王博调皮地在后面拉了一下辉辉的衣领，然后还假装不是自己。

看见这搞笑的一幕，我自己也被他们逗乐了，同时心中感慨："做孩子真好，天真烂漫，想玩就玩。"

但是，随后辉辉的反应让我震惊不已，只见辉辉回过头看了一圈，然后盯着王博说：“×××，是不是你打的我?”

这是一句脏话，但辉辉却说得很自然，像是一句口头禅。除了王博外，大家都在笑，只有王博依然假装开玩笑似的说：“不是我，不是我!”

……

如此小的孩子脏话居然随口就来，从其他同学的表现看，他们还把这当成了一种正常现象。这不得不让我担心他们将来步入社会的交际以及自身素质问题。

一个人的交际通常要通过语言、动作来体现，而自身素质最直接的体现也是语言、动作。我们来做一个设想：如果辉辉把这个说脏话的习惯一直保留下去，首先，当他走入社会或者到一个新的环境中去后，肯定会被他人排斥甚至是厌恶，影响其交际以及今后的发展。其次，他的脏话会深深地影响身边的同学，很有可能得到其他同学效仿，从而形成一种恶性循环。

对于辉辉来说，他说这句脏话是成心的吗？当然不是，他也是受害者，他甚至不知道这句脏话的意思，之所以这样顺其自然地说了出来，也是受到了别人的影响。为此，培养孩子交际能力必须要重视语言、行为的教育，告诉孩子在平时生活中要时刻注意，不能说脏话。

同时，感恩也是交际能力培养的重要部分。感恩父母，感恩朋友，感恩帮助过你的人，会让自己变得有同情心和爱心，会提升个人亲和力，让自己更加有人缘。

结合这几方面，交际能力的培养，其实也是对孩子自身素养的一种培养。

3. 交际能力的培养与心理健康

我对一些交际能力较弱的孩子进行了汇总、分析，发现他们都有这样一些特点：拘谨胆小、害羞怕生、孤僻退缩、以自我为中心、不能合作、任性攻击。从表面看，这些特点都是心理因素。为了进一步确定，我咨询了一位从事心理学工作的同学，当我把这些因素告诉他后，他说这些都是心理疾病。

我一听是疾病，忙问其严重性，他微笑着说："这种现象在当下很多孩子身上都有，在孩子的成长中会因某些事情改变治愈，比如有的孩子认识到合作的重要性，自我中心强的心理就会减弱甚至消除。"

听他这么一说，我也恍然大悟：合作不正是我所研究的课题"孩子交际能力阶梯培养"的重要因素吗？

最后经过总结，培养孩子的人际交往能力，对维护孩子心理健康有积极的作用，比如人际交往中的尊重、分享、合作、关心能够预防和治疗一部分心理疾病。

4. 交际能力的培养与智力发展

在交际能力培养中，有一个要素叫"察言观色"。它是指在与他人交流的过程中，能够察觉并区分他人的情绪、意图、动机和感觉，并运用语言、动作、手势、表情、眼神等方式与他人交流信息、沟通情感的能力。比如我们在沟通的过程中，对方表现出不耐烦的表情，有些人能够发现、区分并理解对方的意图，适时地结束对话；而有的人却察觉不到，不明白对方的意思。前后两者不同的表现就是一种智力不同的体现。

孩子在2~6岁时，是用人际交往推动智力发展的重要时期。当妈妈生病的时候，孩子能够理解，并感受到妈妈的不舒服，然后还能够对妈妈说一些关心的话；当与小朋友一起玩游戏的时候，彼此之间出现了矛盾，孩子会克制自己，共同协商解决矛盾，这不仅是一个懂得交际的孩子，也是一个聪明的孩子。

5. 交际能力的培养与社会适应力

交际的主要作用是表达自己的想法，理解对方的意思，与他人进行良好的沟通交流，使自己能够更好地融入到社会这个大家庭当中。

社会适应能力，有相当一部分其实就是交际适应能力。比如，社会中有各种各样性格不同、品格各异的人，有时候我们为了工作、个人发展或者完成某件事情，不得不和这些人打交道。也许，你特别不喜欢某类人，但是如果你不能够和他很好地沟通相处，一方面你的目的无法达到，另一方面也说明你的社会适应力差。

而如果能够对孩子从小进行培养，不断提高孩子的交际能力，那么，在将来走入社会后，融入社会时是不会出现或者不会有太长时间的过渡期的。

“上梁”一定会影响“下梁”

在民间有句俗话叫：“上梁不正下梁歪。”它主要影射的是父母如果做了坏事，就会影响到孩子，孩子将来也会做坏事。当然，这样说并没有什么科学依据，不过既然能够在民间流传，那么必然有其存在的道理。在我对孩子交际能力调研的过程中，意外地发现，此“理论”在孩子交际能力中也有所体现。

一、被“操纵”的交际能力

英国《每日电讯》曾经有这样一个报道，剑桥大学孤独症研究中心主任西蒙·科恩教授，对100名孩子的交际能力进行了研究发现：妈妈在怀孕期间如果能够很好地放松心情，那么生出来的孩子可能会更善于交际。反之，如果妈妈在怀孕期间经常感受到压力，无法放松，那么所出生的孩子就会在社交、交流及语言等方面受到影响，严重者还会患上孤独症。

对于这样的报道，是否真的有这么严重，因为没有亲身参与，我并不能非常地肯定。但是通过对我收集的资料分析，可以证明的一点是，父母各方面的因素是能够对孩子的交际能力造成影响的。

有这样两个家庭中的孩子：

1．张小军，我弟弟的同学，今年35岁，从事汽车销售工作好多年，总是一副微笑的脸庞，让人觉得很温暖。他有一儿子，今年7岁，刚上小学一年级，正好在我们学校。那天因为孩子分班的事情，我弟弟带着他找到了我。（其实分班也不是什么大事，也许是张小军对孩子过于重视吧！）

我们是在我家里见的面，一见面张小军就向我流露出了甜美的微笑，很正式，也很阳光。在弟弟作了介绍之后，他很娴熟地伸出手说："您好您好，不好意思，今天打扰您了！"

看他如此客气，我急忙说："没事没事，都是自己人，啥事都好说。"随后我将张小军及我弟弟让到了屋里。

张小军告诉我，为了能够让孩子有一个好的生活环境，在结婚之后，他就一直从事销售工作，虽然辛苦，但是收入能多一些。这一干就快10年了，之后便向我说了孩子分班的事情。当然，可怜天下父母心，为了能够替这位不容易的家长照顾好孩子，我将他的儿子要到了我们班。

在开学后与这位孩子的沟通中，我发现他与他父亲有很多的相似之处。比如笑容，总是显得那么乐观，说话时总是带着灿烂、天真的笑容；也从不与他人闹矛盾、起冲突，为此他在班中的人缘很好。

其实在与他父亲张小军沟通过之后，我早就应该想到他的儿子肯定会如此。因为在孩子还没出生前他就开始做销售，说明在孩子出生之后以及成长的过程中都会受到父亲交际习惯的影响。同时说明他母亲的交际习惯也不是很差，这才让孩子有了一个很好的交际基础。

2．李顺风，我曾经的一位同事，也是位老师，主要给高年级的同学上数学。他教学非常严谨，喜欢钻研，工作也很认真。上课时对学生的态度颇有几分严肃，学生们都有点怕他，同时也有几分尊敬。因为这位老师的课讲得非常好，在学校有一定的知名度。

我和李老师虽然不是很熟，但在平时工作上的沟通中，可以明显地感觉到，在生活中，他也是一个严肃的人。他不会开玩笑，说任何事情都是一副很认真的样子，平时在工作中也没怎么见他微笑过。

记得有一次，有一个学生的数学作业出了问题，李老师把这位同学叫到办公室，指着作业本说道："你看这么简单的题目你都弄错了，这道题应该……"

我感觉得到，李老师说话的语气虽然显得有点严肃，但是也没有责怪学生的意思，而且是很认真地给该学生讲解。可是，我明显地看到，该学生因为紧张而在发抖。

看到这种现象，我便对李老师的女儿产生了"兴趣"。李老师的女儿当时在上五年级，我一位关系不错的老师是她的班主任。我问该老师，李老师的女儿交际能力怎么样。这位老师告诉我说，李老师的女儿学习挺好，每次都是班上的前三名，可是交际能力不怎么样，朋友比较少，平时也很少见她和其他同学一起玩。

听到这个结果，这更加进一步地证明了我的推测，一个孩子的交际能力有很大的可能会被父母或者长辈"操控"。因为父母是孩子的第一任且是任何人都无法取代的老师，孩子在成长的过程中，和自己待的时间最长的便是自己的父母。父母的交际习惯或者处世习惯都会在无形中影响孩子的交际能力。比如张小军和他的儿子，李顺风和他的女儿。

所以，父母在孩子面前的言行举止一定要谨慎，不可随意，尤其是在孩子成长发育的阶段。

二、长辈对孩子交际能力的影响

2012年的6月份，我和一位老师去她的朋友家里走访。这位老师告诉我，她的朋友有一个7岁大的儿子，总是在学校和其他同学打架，老师三天两头给家长打电话说孩子在学校打架了，这让做家长的很是头痛。这位老师听说我在做培养孩子交际能力的课题，于是向我咨询。正好我也有一些问题需要去证明，于是和这位老师一起去拜访这位家长。

到这位家长家里的时候，孩子去上学了，孩子的爸爸去上班，只有孩子妈妈一个人在家。在说到孩子的问题时，妈妈便滔滔不绝地对我说，你说我们家孩子到底怎么了，三天两头地闯祸！不是把这家孩子推倒了，就是骂那家孩子了，这以后可怎么办啊？

可怜天下父母心，看到该母亲如此难过，我能够体会到作为一位母亲的艰辛及她此时此刻的心情。我安慰性地说，孩子小的时候都会有这样那样的问题，这很正常，只要我们耐心地教育引导，你说的这些问题以后都将不是问题。

我想，孩子既然有这样过激的行为与不良的习惯，肯定是有原因的，所以我当时把注意力放在了寻找造成孩子这种状况的原因上。

这位母亲继续说着，不怕你们笑话，近几年我和孩子他爸的感情也不是很好，经常动不动就吵架。这不，孩子在学校一闯祸，他爸知道后总会严厉地教训，而且有时候忍不住还会打几下孩子，我看着都心疼。可就是不起任何作用，孩子依然经常在学校和其他同学吵架、打架，没几天就接到老师的电话。我们实在是没有办法了，听说您对这方面有研究，所以就想咨询一下您！

听到这里，我感觉隐隐地找到了原因。我问这位母亲，你和丈夫感情不和多久了？你们经常吵架吗？

这位母亲说，我和孩子他爸的感情以前一直都挺好，只是最近几年孩子他爸的生意不太好，经常因为家里的一些琐事吵架。虽说经常吵架，但是我和丈夫的目标是一致的，一定要把孩子培养成才。丈夫和我对孩子要求也比较严，可近几年来，孩子总是和别的孩子发生矛盾，丈夫对他管得就更严了，经常对他发火。

我对这位妈妈说，如果是这样，孩子出现这种情况实属正常，如果他没有这些表现，那孩子就确实有问题了。孩子妈妈疑惑地看着我。我继续说，孩子在成长的过程中模仿能力特别强，如果您和丈夫经常无意识地吵架，给了孩子模仿的机会，潜意识中也会让孩子学会如何吵架。在学校，他就会把从父母身上模仿到的吵架语言，甚至行为用到其他小朋友身上。尤其是男孩子，他的性格本身就比较刚强，而且会有叛逆的心理。你越是严厉地教育他甚至打他，他越不会听你的，这对孩子的沟通能力会造成很大的影响。

这位妈妈听了之后，想了想说，你说得也有道理，可是我们只想着对他严格一点，让他少犯点错误。

我说，你们的心情我非常理解，但是，你们认为这样教育孩子是对孩子好，可站在孩子的角度上，他可不这样认为。因为你们是和孩子在一起时间最长的人，你们之间经常为琐事的吵架行为必定会影响到孩子。尽管孩子知道你们的吵架行为是不对的，可是在孩子的世界里，每天面对、思考的事情是有限的。因为你们吵架行为的特殊性，孩子就会把你们的这种行为深深地记在心里。长此以往，就会受到潜移默化的影响。

就在我们结束对话要离开的时候，孩子的爸爸下班回家了，听说我们在探讨关于他儿子的问题，这位父亲无奈地说：这小子总是在学校闯祸，为这事每次回来我都会狠狠地批评他。可是总不见效果，还是老样子，真是愁死人了！

是啊，遇到这样的孩子确实让人很头疼，可这位父亲他不知道，父母的意识能够潜移默化地影响孩子。通过这次家访，以及以前的一些研究，对于长辈对孩子交际能力的影响，我总结了以下几点：

第一，父母意识潜移默化的“遗传”。如果家长在人际交往中存在着一些不良习惯，或者不礼貌行为，比如语言粗鲁、态度冷漠高傲，总是传达“老实人总是会吃亏”的交往信条等等，都会影响孩子的交际能力。

第二，父母之外的长辈行为。在孩子小的时候，他还没有辨别是非的能力，总是认为长辈做的就一定是正确的。比如当下有些爷爷奶奶的消极交往行为，往往也会对孩子的交际能力产生影响。因此，老一辈在带孩子的时候一定要注意，特别是当着孩子的面，不可将上一辈的陋习在孩子面前表现出来。

细看影响子女交际能力的主客观因素

有这样一个孩子，给我留下的印象比较深刻。孩子叫高亮，今年7岁，上小学一年级，孩子的爸爸是某汽车销售公司的一名管理人员，与他相识并成为朋友是因为我买车。与其熟悉了之后也认识了他的妻子，孩子的妈妈是某房地产公司的一名会计。

我买东西一般都会“砍价”，尤其是像汽车这样的大件，生怕被销售员给忽悠了。那天我去汽车4S店看车，为了拿到最优惠的价格，我要求与他们的销售经理沟通，最后出来的便是高亮的爸爸。高亮的爸爸是一个比较实在的人，在进行了沟通之后，我以不错的条件买下了车。可能是因为职业习惯或者销售技巧吧，高先生和我说了一些汽车之外的话题，他的儿子高亮便是其中一个。

高先生告诉我说，他的儿子是如何奇怪、多么不爱说话等各种问题。在他说这些的时候，从他的脸上我很明显地看出了作为一位父亲的焦虑与爱子心切。在听说我是一位老师后，高先生还特意邀请我去他家，希望能够让我看看高亮是不是有什么心理问题。临走的时候还特意送了我一块专门擦车的麂皮。由于高先生的固执坚持，我也只能“违心”地接受。

收了别人东西，心里总会感到一丝不安，加之高先生说到自己儿子的情况，我也颇为感兴趣，因此，为了抹平心中的不安，以及满足心理上的兴趣，最终我拜访了这个家庭。也是在这次拜访中，我对影响孩子交际能力的主、客观因素有了进一步的认识。

一、影响孩子交际的客观因素

欧洲著名心理分析学家阿得勒认为，如果幼儿未曾学会合作之道，他必然会走向孤僻之途，并产生牢固的自卑情绪。尤其是对于一些独生子女，本身缺少沟通的机会与环境，加之一些不利因素，必然会影响孩子的交际能力。

在和高先生事先沟通后，我们约定周六我去高先生家里拜访，因为这天他们一家三口正好都在家。到高先生家门口时差不多早上10点，我敲开门，高先生和妻子热情地将我迎进了门。在沙发上坐下，高先生妻子给我倒了杯水后，我始终没有发现高先生的儿子高亮，于是我问高亮是不是出去玩了。高先生妻子说："没有，这孩子不知道咋回事现在越来越胆小，只要家里来客人，他都躲在屋里不肯出来，自己玩自己的。"

其实有这种行为的孩子我以前也见过，比较胆小。比如我邻居家的一个小女孩，刚上幼儿园，平时她妈妈带着来我家玩，我主动问她一些话时，她也是一句话不说；有时候我给她东西吃或者询问太多时，她还会哭。为此，我也一直不明白孩子为什么会这样。

我问高先生的妻子："孩子以前也是这样吗？"

高先生的妻子告诉我，孩子在很小的时候也没有发现这种情况。因为我和孩子他爸平时都忙，在上幼儿园之前孩子都是在他奶奶家长大的，觉得没有啥问题。直到上了幼儿园之后，我们发现孩子变得有点胆小、孤僻了。有一次他还告诉我不想去幼儿园了，我以为孩子是在幼儿园受了委屈了，我就让孩子他爸带着孩子去幼儿园询问情况。

这时，高先生说，是啊，我也以为在幼儿园受欺负了呢。到了幼儿园，老师说孩子总是不愿和小朋友接触，常常退避在后面独逛或独自游戏，老师也没有办法。

我问高先生，孩子在上幼儿园之前在奶奶家是怎么过的呢？

高先生说，我母亲是特别疼爱孙子的。记得有一次孩子和小朋友一起玩，被其他孩子欺负了，我母亲知道后，一边哄我儿子，一边还把其他小朋友批评了一顿。从此之后，我母亲为了不让我儿子受欺负，便不让他和其他小朋友一起玩了。

高亮出现这种情况的原因之一就在这里——家庭环境因素的影响。这种客观因素在很多家庭中都存在。

首先，高先生可能不知道，因为奶奶为了不让孩子受委屈，不让孩子与其他小朋友一起玩，这表面看是对孩子一种无私的爱，其实是对孩子交际能力的扼杀。父辈在有意或者无意地限制或减少孩子与他人交往的同时，也会让孩子变得不合群。

说到这里倒让我想起了一个故事，狼在对待小狼的时候，有时会不给小狼吃的，有时会把它们独自放在一片空地上，让它们自己找吃的及独自生存，这才让小狼逐渐有了生存的技能。

其次，高亮之所以出现交际障碍，高先生和他的妻子也有一定的问题。因为夫妻二人的工作原因，他们陪孩子沟通的时间太少，尤其是在上幼儿园时，本身孩子之前就缺乏交际沟通，而这时任由孩子保持以往的交际性格，必然会让高亮的交际问题更加严重。

高亮出现这种情况的第二个客观因素就是——老师的教育方法和孩子的学习环境。作为老师的我，身边确实不乏这样一类老师，他们往往对那些性情活泼、开朗、交往能力强的孩子情有独钟，而对那些内向、胆小、交往能力弱的孩子则缺乏耐心、理解，态度冷漠，从而影响幼儿交往能力的发展。在这里，我希望天下的每一位老师都能够平等地对待每一位孩子。

此外，孩子的学习环境如同我们的工作环境，也会对孩子的交际能力造成一定影响。我们在工作的过程中，有时因为周围的人或事学到某些交际技巧，同样，孩子在学习的过程中，气氛活跃，同学们都善于沟通，那么必然会影响到孩子。

二、影响孩子交际的主观因素

通过与高先生夫妻对高亮的探讨，我们找到了影响高亮交际能力的客观因素，我也看到高先生夫妻对孩子以后交际的担心。在交流的过程中，他们非常关心如何才能提升高亮的交际能力，改变他目前的这种状况。

对于这类已经受到交际影响以及交际能力较低的孩子来说，并不能说他们以后的交际能力还是如此差。在提出“交际能力阶梯培养”这个概念之前，我就一直在思考如何培养提升这类被耽误或者因为其他原因导致交际能力低下的孩子的交际能力这一问题。其实，运用“阶梯”这个概念，同样也可以改变提升这类孩子的交际能力。在这个概念中，总共分为了“嵌入——顺势——转型——提升”这四个阶段。比如拿高亮来说，他的问题是在“嵌入”阶段没有做好交际培养，而这个年龄段已经出现了叛逆的心理，“顺势”交际培养也不能耽误。这时，我们可以把这两个步骤结合起来，可以去掉“嵌入”阶段的部分内容，有选择地进行培养，清除在“嵌入”阶段出现的交际问题，同时顺势培养叛逆阶段的交际能力。这两个阶段本身就是一个相辅相成的关系，因此，高亮这类孩子的交际问题也会被解决。

但是，无论在哪个阶段，站在孩子的角度思考，总有一些主观因素影响着孩子交际能力的提升。这些因素主要有如下几条：

1. 孩子的气质类型。不同的气质类型决定了不同的性格，不同的性格决定了孩子的不同行为表现。比如一些抑郁类型的孩子往往缺乏自信心，在交际方面显得不合群、不善于与人沟通等。比如高亮在学校时，有可能并不是学校的环境、交流气氛不好，或者老师不关心高亮这样的孩子，而是因为在奶奶家养成的抑郁性格，让他不主动也不善于与他人沟通，即使是老师、同学邀请与其交流，他可能也会表现出抗拒。

在培养孩子的交际能力方面，孩子的性格爱好、思维方式及生活习惯等都离不开家长的引导与培养。但由于现今孩子多为独生子女，在家中缺少同龄的合作伙伴，而家长们又多对孩子宠溺成性，在教育孩子的过程中多为直接帮助等行为，导致孩子养成了一种依赖的性格。

2. 缺乏交际技巧。有的孩子其实很想与他人一起玩，但是缺乏必要的交际技巧，在与他人初次沟通的过程中采取的方法不对，与同伴们起了矛盾冲突，遭到了同伴的拒绝，让孩子产生了自卑的心理，此后便不再愿意主动与他人交往。如果我们能够重视孩子的交际培养，在教育孩子的过程中利用“阶梯”的形式，适时地培养孩子的交际技巧，那么就不会出现这种情况。

客观分析这两种主观因素，其实都是可以通过父辈或者老师改变的。美国学者卡耐基曾说过：“一个人的成功百分之八十五都是靠人际交往，百分之十五靠的是自身的努力。”幼儿期是人的身心发展和人格塑造最重要的时期，作为家长及老师，主动鼓励和帮助孩子学会交往是十分重要的。

嵌入
——独生子女交际能力启蒙教育

独生子女一出生，便成为了家中的宝贝，专人照料，众人看护。孩子不需要交流，也不需要说话，我们会积极地揣摩孩子的想法，满足孩子的需要。渐渐地，孩子变得不愿意开口说出自己的意愿，也不知道如何表达。当在达不到孩子心中所想时，便开始用行动或者脾气来表达。之所以出现这种情况，是因为我们错过了培养孩子交际能力的“嵌入”阶段，交际能力启蒙教育没有做好。

看懂孩子的交际需求

孩子从呱呱坠地的那一刻开始，就有了与他人交流的欲望，孩子的哭闹、咿呀以及任何一种行为都是渴望交流的一种信号。在孩子发出这种信号之后，首先，父母需要读懂孩子发出这种信号的意思。其次，一方面父母需要满足孩子的需求，解决孩子的问题。比如孩子饿了，父母要及时喂奶；孩子热了，父母要适当地减少衣物等。另一方面，就是我们本书所阐述的主题，父母要与孩子沟通，培养孩子的交际能力。

一、看懂孩子的交际需求

孩子在出生以后，随着大脑的不断发育，在外界事物及其他因素的影响刺激下，与他人交流的需求会不断提升。在孩子成长的整个阶段，家长需要与孩子在感情上形成互动交流，特别是在孩子还不会说话的时期，要让孩子感受到父母的爱。在情感的共鸣中，孩子健康的情绪会慢慢地形成，智力水平也会不断地提高，而这两个因素是交际能力的主要方面。

有一次，我去以前的同事陈慧家办点工作上的事情。陈慧生完孩子后就一直在家带孩子，孩子才刚刚5个月。为了能够更好地照顾好孩子，她把工作也辞了，在家专心地教育孩子。

我去的时候，她正在和一个抱着孩子的女人聊天，两人坐在客厅里，女人怀里的孩子正哇哇大哭，而女人则一手抱着孩子，一手轻轻地拍打着孩子，嘴里念叨着希望孩子尽快入睡。可是孩子似乎在和母亲作对似的，仍凭母亲怎么念叨怎么拍打，就是哇哇哭个不停。

通过与陈慧的交流得知，该女人是陈慧的邻居，孩子今年快8个月了。我看陈慧没有抱孩子，就问她的孩子呢，陈慧说在卧室睡觉呢。看到这位妈妈怀抱中的孩子依然哭闹不止，我问道："孩子怎么了，是生病了吗？怎么一直哭呀？"

这位妈妈说："生病倒没有，刚刚睡醒，然后就开始哭个不停，给她喂奶，她也不吃。每天都这样，也不知道是怎么回事！"这位妈妈无奈地叹着气。

见孩子实在哭得让人心疼，我说："能不能让我看看呢？"

陈慧笑着对这位妈妈说："你就让她看看吧，她可研究孩子教育好多年了。"

孩子妈妈半信半疑地将孩子放到了我手中。我抱着孩子，看见孩子手足乱舞，脸哭得通红。我边轻拍着孩子边用温柔的口气说："宝贝别哭啊，我带你出去玩啊！"接着我把孩子带到了阳台，把孩子的脑袋露出来，让孩子看见阳台上的花花草草。这时，孩子哭的声音小了，原先眯缝着的眼睛慢慢睁大了。这时，我不失时机地说："这是吊兰，这是海棠花。你看这花多漂亮啊！"孩子似乎听懂了我说话，咿咿呀呀用手指着看见的花，脸上露出了微笑。

孩子妈妈见孩子不哭不闹了，开玩笑似的说："这孩子真没良心，养了这么大，我抱着拼命地哭，你抱着一点都不哭。"随后，孩子妈妈抱着孩子回家去了。

这位母女走后，陈慧也开玩笑似的问我："快说，你给这孩子下了什么咒语啊，人家亲妈抱着孩子哭个不停，而为什么你抱着她就不哭了呢?”

我说：“别瞎说，下什么咒语啊，最近一直在研究培养孩子交际能力的课题，正好用到了而已……”

我和陈慧正聊着，突然听见卧室传来咿咿呀呀的声音，原来是陈慧的女儿佳佳睡醒了。我和陈慧急忙走进了卧室，只见佳佳侧着头看着挂在床边的小玩具，并高兴地蹬着腿，好像又是在跳舞又是在唱歌。

这时陈慧温柔地说：“佳佳，真乖！自己玩得这么高兴呀！要不要妈妈来陪陪你?”孩子听见妈妈的语言，急忙把头转了过来，看到妈妈了，高兴得不得了，咯咯地笑出了声音。

婴儿生来就有从别人那里寻求回应的需求，已经具有发出信息和乐于接受母亲回应的本能，这种最初的与父母的双向交流是孩子以后一切社会交际的基础。

陈慧邻居的孩子在妈妈怀里之所以哭闹不停，并不是孩子饿了，也不是孩子瞌睡了睡不着，而是孩子有交际的需求，并希望得到妈妈的回应。对于这一点很多父母都难以发现，因此也无法满足孩子的这个需求。当然，妈妈的轻轻拍打和口中的念叨也是一种对孩子需求的回应，但是这种回应并不是孩子心理上的真实需求，因此，孩子依然会哭闹不止。

陈慧是一个非常懂得与孩子沟通的妈妈，在孩子醒来之后，她不管孩子听不听得懂，都会真诚而温柔地与孩子沟通。这从陈慧孩子听到陈慧的声音后手足舞蹈非常高兴的反应就可以说明。对于不能够说话的孩子来说，父母与孩子沟通时，孩子是能够感受得到的。

所以，在对不会说话的孩子进行早期的交际能力启蒙培养时，我们首先要能够看懂孩子的交际需求，明白孩子为什么会哭，为什么会高兴。然后真诚地与孩子进行沟通对话，满足孩子的交际需求，从而引导孩子交流，让孩子感受到交流的美好。

二、0～6岁宝宝的交际轨迹

从人际交往的角度分析，孩子和大人一样，都需要与他人进行良好的交往。不管孩子年龄多大，是否会说话，这种需求一直是存在的，并且随着年龄的增长，他们渴望更广阔的交际天空。也只有在这种交际互动中，他们才会表现出自己的技能，然后认识、评价自己。这对他们的个性、情绪情感、智力的发展都有着重要的作用。

因为不同年龄阶段的孩子，其交往的目的、特征、内容需求是有所不同的，因此，要培养好孩子的交际能力，我们需要对不同年龄段孩子的交际需求有一个了解。

1个月时：他们在看到人或者听到声音时会发出笑声，并且有时候会盯着母亲的脸看，还能够与其他人进行目光交流。人在他身边的时候，孩子会显得比较安静；而人在离开孩子身边的时候，他会显得不安。特别是在孩子刚刚睡醒，视野里没有人的时候，他更容易显得不安，可见，这个阶段的孩子已经有了与人交往的欲望。

2个月时：这时他的表现会更多，比如苦恼、微笑、兴奋等。在高兴的时候除了能够把微笑给予与他经常待在一起的人外，还会把微笑给予身边逗他开心的陌生人。比如陌生人在哄孩子开心的时候，他会用类似于“啊”这样的声音给予回应。这说明这个阶段的孩子已经在用行动与他人沟通，由之前的欲望转变成为实际行动。

3个月到5个月时：可以很明显地看到婴儿对照顾他的成人，

特别是母亲发出的一种特有的所谓“天真快乐反应”。每当他见到母亲或自己所熟悉的人时，他总是注视着他的脸，手脚乱动起来，脸上现出渴望的微笑，咿咿呀呀地想要扑过去。而对陌生人，他却无这种反应。这说明孩子已能判断亲疏远近，已经具备了最基础的社交能力。

5个月到12个月时：孩子有时会目不转睛地看着其他小婴儿，甚至会伸手去摸、抱。这时的孩子并没有太多交往的需要，他只是对其他婴儿好奇而已。也就是说，孩子的交往欲望已经越来越强烈。

1岁到1岁半时：在这个阶段，我们会发现这样一种现象：孩子在和其他小朋友一起玩时，表面上看是各玩各的玩具，谁也不干扰谁，但是当把其中一个孩子分开时，他的脸上就会表现出不高兴的表情。显然，他们愿意在一起玩而不愿意分开，这说明孩子开始有了交朋友的想法。

2岁到3岁时：在这个阶段，我们会经常听到有些孩子说：“我喜欢和小红玩，不喜欢蒙蒙。”这说明孩子已经具有了交际判断能力。

3岁到6岁时：这个阶段的孩子已经懂得交朋友，但是他们交往的动机非常单纯，也非常简单。只要能够获得快乐，他们就愿意和对方交往：他不在乎对方喜不喜欢自己，不在乎在交往的过程中自己有没有吃亏，只要自己觉得高兴，孩子就认为是可以的。

我在与一些孩子家长探讨这个问题时，有些家长疑惑地说：“我们家孩子今年4岁了，可总是喜欢和邻居7岁的孩子在一起玩。尽管那些孩子老欺负他，可还是要跟着他们一起玩。”

这种现象在幼儿园中经常会发生，孩子之所以愿意和大自己一两岁甚至好几岁的孩子玩，是因为他们在和比自己大的孩子交往过程中，往往能体验到更多的游戏方式和游戏乐趣，所以，他们偶尔吃点亏也会心甘情愿。

三、满足孩子的交际需求

想听、想看，对成人逗他（她）、抱他（她）、微笑作出点头、摇晃的回应，会把头转向说话的人并报以微笑，并以蹬腿和摆手表达快乐。这些表现都是孩子的交际行为及交际需求。

对于孩子的这些社交需求，作为家长的我们，需要做到以下几点：

第一，懂得观察。对于孩子的各种反应及社交需求，父母一定要仔细地观察，并准确地把握与回应。也只有这样，我们才能满足、培养孩子的交际需求。

第二，在孩子3岁之前，父母应该与孩子经常接触。比如，经常逗孩子笑，可以使孩子社会性微笑较早地出现，而且提早认识父母；父母应用亲切的声调多和孩子说话，用慈祥的目光注视他，以吸引他的目光与你交流，用良好的情绪来感染孩子的情绪。

第三，与孩子建立“对话”联系。父母要给宝宝更多的抚慰，消除他皮肤的饥饿感，让孩子在最初的社交接触体验到快乐。

总之，父母是孩子的第一交际对象，也是培养孩子交际能力最好的老师。父母需要最大程度地满足孩子的交际需求，只有这样，孩子才会感受到幸福、安全，更加愿意释放交往信息。这一方面可以帮助孩子的智力发展，另一方面有助于孩子成为一个性格开朗、有良好交际能力且受大众欢迎的人。否则，孩子的交际需求如果得不到满足，随着年龄的增长，孩子的心理及交际能力可能就会出现一些问题，并且孩子的智力发展也会受到一定的影响。

如何教孩子“咿呀学语”

孩子是上天赐给我们的精灵，他们的到来带给我们欣喜、快乐和感动，让我们赞叹生命的美好、原始的纯真。但是与此同时，家长必须付出爱和努力，才会让自己的小天使更好地成长。我们的努力，始于孩子降生的那一刻，特别是在孩子咿呀学语的阶段。

一、模仿是孩子学习的基础

每一个新生婴儿的语言发育都会经历前语音感知能力、前语言发音能力和前语言交际能力这三个阶段。

首先，就是模仿。模仿是学习的基础，是孩子语言发育过程中一个非常重要的阶段。在这个过程中，孩子模仿听到的各种声音，在咿咿呀呀中表达自己的意愿和想法。

模仿可以提高孩子的学习技能，让他更多地了解这个世界。在宝宝出生后的第一年里，是最善于模仿的时期，抓住这转瞬即逝的宝贵时期，将会让孩子一生受益无穷。

我的邻居杨艳是一个6个月大的孩子的妈妈，有一天她兴奋地对我说，我家的宝宝竟然能喊“妈”了，真是太开心了！她向我描述了那个让她无比兴奋的情景。

那天晚上，杨艳像平时一样逗引着孩子，嘴里还用不同的音调说着“妈、妈、妈、妈妈、妈”，过了一会儿，小宝宝自己就忽然发出了“妈”的声音。随后的一天，正巧电视上播放的电视剧中，女主角重复着说“不、不、不”，小宝宝一边用脚踢着挂在床上边的球，一边发出了“不”的声音。

孩子在这个时候只是一个学语阶段，显然不是真正意义上的呼唤妈妈，但是简单的几个“妈、妈、妈”这样的发声就可以让父母感受如同天籁一样的声音。这时候，如果再简单地教教宝宝如何用舌与唇发出笑声，微笑着赞许，并轻轻地模仿他的声音与他交流，他定会更加兴奋。在这个过程中，孩子的手、眼、脑、口、声带等都能够得到训练。

二、通过重复加深孩子的记忆

重复是孩子学习语言的重要途径，它可以加深孩子的记忆，经常性的重复可以让孩子在不断的模仿中发出正确的读音。孩子有时候会把一些读音弄错，不要笑话他，经常性地对孩子予以肯定，可以激发孩子的积极性。多给他一些鼓励，在赞许声中的孩子成长会比较快。如果只是觉得好玩而学孩子一样错误地发音，孩子会将错误认为是正确的，今后也会很难改正，那你一定会在将来后悔今天开的玩笑。

“带孩子是一件辛苦的事情。我总是累得甚至都不想说话。”一位年轻的母亲这样抱怨着。

她是我们在调研中遇到的一位母亲，叫方小磊。小磊性格平和，总是面带微笑，话很少，当然，平时也很少对宝宝说话。她家的宝宝是一个可爱的男孩，已经11个月了，很聪明，大人的意思基本都能明白，但却很少说话，顶多只用一个“啊”字代替所有的话，有什么意愿想表达的时候总是用手比画得更多一些。

有一次，小磊带着孩子去超市，孩子指着玩具架上的玩具发出“啊！啊”的声音，意思是想要架上的玩具。小磊把玩具刚从货架上拿下来的时候，一位顾客带着一个小姑娘走了过来，小姑娘一眼看见小磊手中的玩具，脱口而出：“光头强！”小磊很是惊讶，指着其他的玩具问这个小姑娘：

“这是什么呀?”

“恐龙!”

“那这个呢？是什么呀?”

“喜羊羊!”

小姑娘口齿伶俐，对答如流。询问之下，小磊得知，这个小姑娘比自己家的孩子只大一个月。看着同龄的孩子都已经会说好多话，小磊在羡慕的同时，多了很多担心。她担心自己的孩子是不是语言发育得过晚，会不会对以后有影响。自己已经是尽心尽力地照顾孩子，可是为什么总是觉得什么地方还是有所欠缺呢?

的确，独自带孩子真的是很累人。但是作为母亲，除了看护好自己的孩子，还应该更多地在带孩子的过程中学会和孩子交流，孩子的不爱说话与小磊平时和孩子共处时说话少有很大关系。我建议她经常和孩子说话，不要认为孩子什么都不懂就不说，其实孩子从你的表情和语气中可以听懂你的意思，经常和孩子交流，让孩子张开嘴，多练习，才能逐渐提高他的语言表达能力。小磊很信任我，采纳了我的意见，我们约好一个月后看效果。

一个月以后，我来到她的家，她和我说了这一个月的情况。刚开始的时候，她还真是很不适应，总感觉像是自言自语，自己都觉得有点张不开嘴，好在她渐渐地适应了。有一次，她发现她把洗好的床单叠起来的时候，摸了摸床单上面的花，然后说：“多漂亮的花！宝贝，你看是不是?”孩子也用手摸了摸床单，然后发出了类似“花”的声音。

她欣喜地告诉我，现在，她的宝宝已经能说不少简单的字了。她也在和宝宝的交流中得到了前所未有的快乐和成就感。

不要认为孩子还小，什么也不懂，就忽视了和孩子的交流，其实孩子在你的表情和语气中可以听懂你的意思。经常和孩子交流，让孩子在模仿中张开嘴，多练习，才能逐渐提高他的语言表达能力，让孩子不仅懂，更要会说。

三、用儿歌锻炼孩子的感知能力

在孩子学语的过程中，多读儿歌不失为一种好选择。选择简单易读的短儿歌，经常性地重复教孩子，孩子可以在游戏的过程中锻炼语言表达能力。儿歌语句精练，通俗易懂，口语性强，结构简短，韵律优美，节奏分明，易懂易记，读起来朗朗上口。儿歌天生是为孩子准备的，并且应该成为孩子生活的一部分。在教孩子儿歌的过程中应该注意以下几点：

第一，充分发挥妈妈的作用。宝宝对于妈妈的声音从胎儿时期就非常熟悉并且充满了依赖感，因此，妈妈说出的儿歌让宝宝更加觉得亲切，易于接受。

第二，利用场景配合儿歌，发挥儿歌的引导作用。比如，看到苹果，让孩子摸摸、看看、闻闻，同时可以唱儿歌：“大苹果，甜又甜，小朋友们都爱我，请你先去洗洗手，要是手脏别碰我。”既可以深化孩子对苹果的认识，又利于养成孩子良好的卫生习惯，一举两得。

第三，选择合适的作品。妈妈要根据孩子不同的年龄特点，有针对性地选择儿歌作品，尽量选择篇幅简短、充满童趣的作品。

第四，帮助孩子理解儿歌的内容。孩子在记忆知识的时候，以机械记忆为主，对于儿歌中的一些抽象的词语，家长要及时地予以解释。比如对于描述月亮的儿歌：初一一根线，初二看得见，初三初四娥眉月，十五十六大团圆。孩子对于月亮的变化还没有感性的认识，可以带着孩子观察月亮的变化，帮助孩子更好地理解儿歌中的内容。

可爱的孩子，儿歌让他们更可爱；聪明的孩子，儿歌让他们更聪明。婴儿听儿歌，从优美的旋律中得到心理上的慰藉；幼儿说儿歌，帮助孩子认识世界，验证经验。儿歌简单明快的韵律能刺激孩子大脑的发育，提高他们的认知力。孩子还能在念儿歌的过程中矫正发音，认识事物，开发智力，引发想象力。因此，从一定意义上说，儿歌是孩子认识社会的第一个启蒙者。

四、丢掉传统的“溺爱音”

孩子的语言是富有创造性的，但模仿是词汇累积的基础，因此，让孩子在愉快的氛围内尽量模仿正规的语言，为以后的成长交流打下重要的基础。

孩子的接受能力超乎想象。孩子如同白纸一样，教他什么，他便接受什么。因此，家长应尽量使用正规语言，不用“奶话”。如果认为孩子说话就应该是“吃饭饭”、“坐车车”这样的说法，会影响孩子词汇的积累，语言的发展。在规范的语言环境下，孩子语言表达能力强，有利于交往能力的培养。

葛壮壮今年3周岁半，妈妈是初中教师，爸爸是政府公务员。由于父母亲是双职工家庭，而爷爷奶奶离得又远，壮壮两周岁时候就被送去幼儿园。他很懂事，在幼儿园受到所有老师的喜爱。大家都喜欢叫他小葛，因为老师们认为他聪明又懂事，像个小大人。

壮壮在幼儿园会经常模仿老师的语气，教其他的小朋友吃饭之前要洗手，老师给盛饭的时候要说谢谢老师。就是因为壮壮很小时候就和幼儿园老师接触得比较多，老师在园中都用规范语言交流，所以给壮壮提供了一个很好的语言环境，自然就会比同龄的孩子显得更加懂事。

孩子在听大人讲话的同时会模仿大人的语音、语调，所以，给孩子营造一个健康规范的语言环境，会让孩子在潜移默化中逐步培养起使用规范用语的能力。

在我们聊天的过程中，壮壮问他的妈妈："什么是成功啊？动画片里经常说"成功了，"是什么意思？"壮壮妈妈觉得不知道怎么说才好，但还是说："成功就是达成所设定的目标。成功是一种积极的感觉，是达到理想后的一种自信。"

看着壮壮迷茫的眼神，妈妈自己说完也苦笑了一下：孩子怎么可能听得懂呢？我说："壮壮，你看，如果你想用积木搭一座高高的大房子，你最后搭好了，就是成功了；如果搭着搭着大房子倒了，就是失败。"

壮壮想了想说："我要是想从地上跳到沙发上，然后一跳，跳上去了，是不是就是成功了？要是我掉下来了，就是失败了？"

我不由得为他鼓起了掌，"你说得很对，真棒！"

对于一些大人们认为比较抽象的语言，只要经常在正确的语境下和孩子说，用孩子能听得懂的语言通俗地解释，慢慢地孩子就会领悟，从而由机械记忆到理解记忆。

创造健康的“听话环境”

言谈可以体现出一个人的思想道德修养和科学文化修养。因此，培养孩子的口语交际能力对于孩子至关重要。幼儿期是孩子语言发育的一个非常重要的时期。注重孩子语言能力的培养、能力的提高，一定会促进孩子语言的健康发展。如何给孩子创造一个健康的“听话环境”？我认为，可以从以下几点进行把握：

一、占领“布罗卡斯区”

从出生开始，孩子只需要用生命最初的短短两三年时间，就可以掌握自己的母语，无论我们今天看来这种语言有多么复杂。这源于19世纪，一位名叫皮埃尔·保尔·布罗卡斯的法国外科医生的发现。

在一次事故中，有一位病人因为受到撞击而失去了语言功能，但是仍然拥有心跳和呼吸等生理机能。几天后，病人死去。布罗卡斯通过对病人大脑的解剖发现，这名病人大脑中的某一区域受到了损伤。在后来的研究中，布罗卡斯研究了几个相似的案例，都发现了同样的情况。通过研究，布罗卡斯发现，在人的大脑中有一个专门负责语言的区域，后来科学家们就把这一区域称为布罗卡斯区。

这一区域在2～4岁时快速发育，也就是说在此时学习语言可以直接贮藏在“布罗卡斯区”，而且存储的语言会被大脑认为是母语，并且可以很快被掌握并灵活运用。到了12岁左右，这个区域基本发育成熟，灵敏性逐渐减弱直至关闭，以后学习的语言只能储存在记忆区。

“布罗卡斯区”的发现证实，孩子一出生就具备了语言学习的机制，这种机制决定了孩子具有先天的语言学习能力。所以，把握好学习语言的黄金时期，去培养孩子的语言能力，对于孩子今后语言能力的形成具有至关重要的作用。

在培养孩子语言能力的过程中，不仅要注意语言的正确性，更应该让孩子的眼、耳、鼻、舌、身等都能直接地接触客观外界，引起相应的感觉，这样才能在孩子的头脑中留下深刻印象，对事物在理解的基础上认识，促进孩子思维的发展。

比如，妈妈在倒水的时候，可以和孩子说：“妈妈在往杯子里倒水。”同时，让孩子摸摸杯子，通过触觉加深孩子对杯子的理解。妈妈在洗衣服的时候可以和孩子说：“衣服脏了，妈妈在洗衣服。”让孩子说出衣服，同时注意到自己身上穿的衣服等等。

经常利用实物刺激孩子的感官，让孩子把语言和实物联系在一起，说话的同时感受到实物的形、色、味，可以促进孩子语言及思维的发展。

二、注重语言的规律性和计划性

语言学家克拉申研究发现，首先要经历一年的沉默期，然后才能在父母及周围人的语言引导刺激下开口说话，由单字逐渐连词成句。

孩子刚刚开始说话的时候往往会出现你我不分、主谓颠倒的情况。在这段语法干扰期内，家长需要耐心地重复，不断地引导，提供正确的语言环境，帮助孩子掌握语法规律，建立语感。

我们在孩子面前说话要尽量做到发音准确，如果孩子有错误的发音，把“姥姥”说成“咬咬”，把“哥哥”说成“得得”等，也很正常。孩子的发音不准有三个原因：

首先，孩子的听觉尚未发育完全，在听的过程中难免出现偏差。

其次，孩子的发音器官还没有发育完全，在发音时还不能灵活运用唇、舌、齿及声带。

最后，孩子还不能熟练地掌握发音方法。

当孩子说错读音的时候，要在第一时间予以纠正，并且对正确的读音重复练习。否则，待孩子已经形成错误的发音习惯时，会很难改正。父母在与孩子交往的过程中，要特别注意对孩子学习语言进行有规律有计划的培养和训练。既不能急于求成，也不能听之任之。

对孩子进行语言训练，需要家长的耐心、细心，更需要有计划性。特别是讲方言的地区，家长要坚持讲普通话，同时针对一些问题制订相应的计划。要解决这一问题，我们可以尝试这样的方法：

第一，巧用绕口令。绕口令可以有意识地区分很多相似的读音，同时生动有趣，孩子会很乐于接受。

第二，故事很重要。给孩子讲故事永远是吸引孩子的好办法。家长发现孩子的语言在哪些方面有问题时，可以自己编一些比较简短的拟声故事。比如，森林的早晨，小动物在开音乐会。小鸡唱歌叽叽叽，小鸟唱歌喳喳喳，小猫唱歌喵喵喵，等等。

三、重言传更重身教

我们在日常生活中可以发现，孩子的语言、神态、语音、语调都很像其父母，所以，父母的文化素养、语言习惯等对孩子的语言能力发展有很大的影响。家长与宝宝说话时，要特别注意说话的方式和艺术，为宝宝语言能力的发展提供条件。多用积极的、鼓励的、亲切的话语和孩子说话，不要用消极的、禁止性的语言；多赞美好的行为，少议论不好的行为，避免客观上对不好行为的强化。

在我们跟踪调研的对象中，有一个家庭给我留下了深刻的印象。

这个家庭的孩子叫铭铭。铭铭的父亲是生意人，常年在外。母亲叫辛晴，是一位专职主妇，自己带孩子。辛晴性格开朗，但是脾气有些暴躁，做事方法简单。我第一次到铭铭家的时候，辛晴刚刚打开门，铭铭就像小燕子一样欢快地飞过来。铭铭并不怕见生人，她径直来到我面前，上下打量这个从没有见过的阿姨。然后歪着小脑袋问我："你是谁？怎么到我们家来了？"

听见女儿这么说话，辛晴显得有点不好意思，板起脸对铭铭说："怎么这么和阿姨说话？上屋里玩去！别在这儿闹！"

铭铭瞪起眼睛："我问问怎么了？我……"铭铭还想说些什么，可是抬头遇上妈妈严厉的眼神，只是重重地"哼"了一声，然后使劲儿跺了一下脚，生气地跑开了。

辛晴觉得有点挂不住面子，一边请我坐下一边说："你看，我也没办法，这孩子就是这样，对人不太礼貌，而且脾气还很大，这真让我头疼！每当她不顺心的时候，我要是喊她，她就会和我对着喊，比我的声音还大，真是没办法，没办法！"

辛晴一连说了好几个没办法，矛盾又无奈的心理在她的脸上表露无疑。

接下来，辛晴向我诉说了孩子让她头疼的种种。

听她说完，我笑着对她说：“铭铭很棒，见到生人不害羞，很多年龄相仿的孩子还做不到这一点。只是有些小毛病，如果你能为她做一些改变，一定会出乎你的意料。”

“真的吗？”我看到她的眼中有一丝期待闪现。

“如果你愿意相信我。”

“你研究孩子教育这么多年，经验丰富，我完全相信你。只是，我还不知道怎么做好。真希望能给我出些好主意。”

我问她：“你有没有在孩子做错事情的时候试着压下火气，平心静气地和她说说话，讲讲道理呢？”

辛晴有点心虚地说：“好像少了点。”

我说：“问题就在这儿。在人际交往的过程中，成人都会或多或少地受到别人的影响，何况是天真纯洁的孩子呢。父母的言谈举止直接影响着孩子，所以父母一定要做好表率。你想让她成为什么样，首先自己要做到。不妨在这方面做些改变，效果应该很明显。”

“在这方面，我做得确实不太好。好吧，我会尽量克制，希望铭铭能有所改变。”

再次走访辛晴的时候，已经是两个月以后了。正赶上仲春时节，杏花盛开，胭脂万点的花朵，在此时占尽春风。走在林荫道上，心情也为之大好。

敲开辛晴家门时，正是铭铭给我开的门。铭铭一看见是我，很有礼貌地和我打招呼，“阿姨好！请进。”然后回过头对辛晴说道：“妈妈，阿姨来了。”

“铭铭真棒，真是一个有礼貌的好孩子！”我高兴地笑着说。

辛晴这时正好也出来了，看见是我，很热情地请我进屋坐下。我向她询问了这两个月来的情况。

辛晴笑着说："您的办法还真奏效，每当我心情不好，想要发作的时候，就会想起您说的话。我的一举一动都深深地影响着铭铭，不能因为我的随性，对孩子产生不好的影响。原来和孩子平心静气地讲道理，还是蛮管用的。看来我原来生硬的方法可以永久地封存了。等她爸爸下周回来，一定会让他大吃一惊!"说到这，辛晴有点自豪地笑了笑。

"太好了，恭喜你。"

看到铭铭的改变，作为一名教育工作者，我由衷地感到欣慰。

家庭教育对于孩子人格的完善起着非常重要的作用。作为家长，要注重自己的说话方式，家长的言传身教无形中影响着孩子，让孩子在潜移默化中形成深远持久的影响。

注重教育方法的父母总是努力给孩子创设一种充满爱意的温馨环境，孩子在这种宽松温馨的环境中，更愿意与父母亲近，孩子才能说，敢说，更会说。

总之，选对方法，事半功倍，给孩子创造健康的"听话环境"，才能让孩子在学习语言的道路上，走得更为顺畅，为将来奠定坚实的语言基础。

不要让任性“壮大”

我经常会接到一些家长打来的电话，让我帮忙出主意，怎么教导家中任性的孩子。任性确实让很多家长“头疼”不已，而且非常不利于孩子将来的发展成长。有些家长可能一直在探索教育孩子任性的方法，可是孩子等不起；有些家长可能还会病急乱投医，孩子伤不起。作为老师，在教学中，我也曾为任性的孩子“头疼”过。

我在逛商场的时候，有时候会看到这样一幕：孩子看到喜欢的玩具坚持要买，而家长并不想给孩子买。于是，孩子大哭大闹，大喊大叫，甚至在地上打滚耍赖不起来。很多人在场，弄得家长不知道怎么办才好。于是，有的家长只好缴械投降，给孩子买玩具，还有的家长在呵斥、打骂和孩子惊天动地的哭声中满头大汗地结束这场“演出”。

有的孩子在自己家里还比较懂事，但是一旦遇见其他亲朋好友，就会“人来疯”，全然不顾大人们正在进行的交谈，调大电视音量，让电动玩具发出最大的响声，或者随意乱扔东西，不管桌子上是否有茶水还是水果，和来家中做客的小朋友争抢东西等等。家长越是阻拦，孩子对抗得就越起劲。

有的孩子吃饭时，绝不在饭桌上老老实实地吃饭，吃一口就跑开了，玩一会儿以后再吃第二口。结果，孩子满地跑，家长满地追，一顿饭要将近一个小时才能勉强解决战斗。

如此种种，孩子们不断花样翻新地出现各种任性的行为，让家长们一个头两个大，精疲力竭。孩子的这种任性伤害最大的不是父母，而是阻碍了孩子交际的发展。随着时间的推移，因为任性，孩子交际能力降低，从而会影响孩子以后的发展。

对此，我们专门作了相关的调研，希望能够对有这方面困惑的家长有一点帮助。

一、孩子任性的根源

首先，自私、放纵、倔强、固执已经成为任性孩子性格上的明显特点。对于家长的管教，孩子往往会主动抗拒或者消极抵抗甚至产生逆反行为。从心理学上来讲，任性属于个性偏执，是缺乏自我约束力的表现。

其次，由于孩子心理发展尚不成熟，判断一件事情仅仅是凭借自己的兴趣，于是便有了任性。

再次，随着独生子女的增多和生活水平的提高，幼儿任性现象越来越严重。如果任性得不到及时纠正，孩子就会用任性来要挟父母，满足自己的愿望。

最后，在将来的人际交往中，任性的孩子很难和其他同伴很好地合作和分享，不懂得对他人礼让、关心、同情。

随着独生子女越来越多，孩子的任性如果不能得到及时有效的纠正，会大大妨碍孩子正常心理的发展，对今后的人际关系也会产生极为不利的影响。因此，我们必须在初始阶段就把孩子任性的习惯及时更正。

二、找到任性的成因

在孩子成长的过程中，从3岁到12岁的时候是人生中比较明显的“反抗期”。这个时期的孩子不再事事听从大人的指挥，而是有了自己的想法，试图独立，摆脱家长的约束。我们让他做的事情，他偏会向相反的地方去做。让他向东他偏向西，让他打狗他一定去骂鸡！如果遇到大人管教，有的孩子还会大发脾气。

很多时候，对于孩子的这种任性，我们都会归咎到大人的身上，认为都是家长的骄纵导致了孩子的任性。诚然，骄纵会导致任性，但这绝不是唯一的因素，还有很多其他的因素会导致孩子的任性。我们也只有找到内在的原因，才能做到对症下药，遏制孩子任性的壮大。对于孩子任性的成因，我总结了以下几点：

第一，任性是心理需求的表现。美国儿童心理学家威廉科克经过长期研究证实，孩子的任性，也是心理需求的表现。孩子尚不能像大人一样对事物作出正确的判断，仅仅从自己的兴趣需要出发，无论要求的结果是否合适。我们往往只是考虑事情的结果，而忽略了孩子对于新鲜事物的真正的心理需求。

第二，父母没有足够的耐心。孩子不听话的时候，父母开始会坚持原则，可是如果孩子继续哭闹下去，父母就会心软，或者心烦，于是满足了孩子的无理要求。殊不知，这种消极的妥协久而久之便成了孩子任性习惯养成的推手。

第三，孩子易冲动。孩子只是从自己的角度看待事情，缺乏应有的判断力。父母如果只是粗暴地对待孩子，很容易造成孩子反抗的心理，助长孩子的任性。

第四，隔代抚养弊大于利。有些家长工作很忙，不得已只好把孩子交给父母带，由于老人家对孙子孙女的溺爱，不忍苛责一点儿，对孩子自由放纵，管束无力，使得孩子的任性自然形成。

第五，独生子女缺乏同伴。现在的孩子大多数时间都是在和玩具玩，很少有和其他同龄孩子交往的机会，使得孩子不懂得互助、合作、礼让。

三、解决任性，选对方法

面对每天都有变化的孩子，我们也应该不断地充实自己，用自己的进步来解决孩子成长路途中出现的种种问题。面对孩子的任性调皮，暴力绝不是解决的办法，可是父母应该怎么办呢？在调研中，我走访了一位名叫吴靖的母亲，她的做法或许可以给我们一些启示。

吴靖和丈夫都是高中教师，平日工作很忙，所以孩子出生后一直是由农村老家的婆婆帮忙照看。转眼已经到了孩子应该上幼儿园的年纪了，吴靖把孩子接了回来。

原来一直在奶奶家的孩子，由于奶奶的溺爱，孩子长期没有被人认真严格地管束，形成了骄纵、任性的性格。但凡有要求不被满足，就会一边大哭一边双脚跳，甚至就地打滚。对于这些不良习惯，每当孩子的爸爸进行严厉管教的时候，孩子的奶奶总是又生气又心疼地说："孩子还小，长到你这么大，说什么也不会这样的。"在奶奶百般袒护下，爸爸也束手无策。

对于刁蛮任性的孩子，吴靖并没有感到无从下手，而是采取了合适的办法进行教导。

由于学校离家并不是很远，所以吴靖总是和孩子步行去幼儿园。在上学的路上，孩子有时候会耍赖，让妈妈抱着走。这时候，吴靖总会想出很多办法，比如：利用孩子求胜的心理，比一比谁走得更快；转移孩子的注意力，让孩子在步行的过程中观察路边的花草，在欢笑声中不知不觉已经到了幼儿园。

有一天，邻居家的孩子到吴靖家做客，带着一块巴啦啦小魔仙的召唤手表，一开一合放出七彩的光芒。吴靖的孩子很是喜欢，待客人走后，孩子就一定要妈妈给买这个玩具。当时已经是晚上，是不可能出去买的。面对孩子的哭闹，吴靖并没有训斥，而是和孩子一起探讨起喜欢这个玩具的原因。原来，孩子是喜欢玩具发出的七彩光。吴靖温和地对孩子说："那个七彩光的确很漂亮，妈妈也很喜欢。不过，你看，天已经黑了，商店里的阿姨都已经回家了，我们去也买不到。明天我们再去买，妈妈和你一起挑选。"经过吴靖的解释，孩子的情绪明显有了好转，因为他感受到了妈妈对于他要求的一种认同。

吴靖很会教育孩子，总是能找到正确的方法解决问题。通过对吴靖家庭的走访，对解决孩子任性的问题，我们可以总结出以下几点：

第一，转移注意力。当孩子无理取闹时，弱化孩子的要求，根据周边的情景，转移孩子的注意力，引发孩子新的兴趣点。

第二，和孩子讲道理。面对孩子的哭闹，和孩子找到事情的起因，共同挖掘父母和孩子的共同点，让孩子有一种被理解的感觉，然后讲清楚不能做的原因。三四岁的孩子已经具备了一定的分析能力，事情会在很友好的气氛中顺利解决。

第三，约法三章。这一点奏效的前提是家长首先要言出必行。只有信守承诺的家长，才能在孩子面前有威信。针对最近一段时期孩子经常犯的毛病，可以和孩子约定，不能怎么做。一旦孩子有任性的迹象，就要及时提醒。

第四，冷处理。对待孩子任性的行为，采取暂时无视于他们存在的办法，很多时候是十分有效的。孩子在自己哭闹时发现大人们都是漠然相对，孩子就会感悟到哭闹并不能实现自己的要求。这一对策的奏效需要全家人的合作，一旦有一名家庭成员显现出倾向于孩子的迹象，那么不仅会前功尽弃，还会加重孩子的任性。

第五，适度惩罚胜过打骂。夸赞可以树立一个孩子的自信心，适度的惩罚则可以帮助孩子树立责任意识。当孩子的某些故意性行为造成了一定的损失时，要让孩子明白，要为自己的过错负责。适度的惩罚会让孩子更好地自我约束。我们在这里要特别注意的是，千万不可以因为自己的火气无处发泄而打骂孩子。强制性的教育方法只会造成孩子的胆小、撒谎等不良的行为。

第六，试着蹲下和孩子说话。孩子的身高决定了他的视野范围不可能和我们一样，这样就导致了有时候我们不能理解孩子的某些做法，试着蹲下来，从孩子的视角看问题、想问题，事情的解决办法也许就在眼前。

第七，多和同伴交流。独生子女在独处中会逐渐养成独占性和排他性。让孩子更多地和同伴交往，在交往中学会沟通、分享，因势利导，对孩子健康性格的养成大有好处。

水无常势，法无常则。针对孩子的任性行为，我们要注意针对问题，选对方法，及时地对任性孩子显示出的任何苗头予以纠正，不要让孩子的任性“壮大”，这样才能让孩子在正确的轨道上健康成长。

交际需要好榜样

一个周末的下午，我像往常一样去超市购物。正在挑选着商品，忽然，感觉有人撞到了我的后腰，回头一看，原来是一个男孩在人群中横冲直撞。他撞到我以后并没有做半点停留，仍然向前一边跑一边自顾自地唱着听不清的歌。他的妈妈在他的后面紧追着，但是并没有向我及其他被撞的顾客表达一点歉意，只是把目光盯在她儿子的身上，叫他等等她。有的顾客很生气地低声说："这孩子怎么一点儿礼数都没有，真缺少家教。"

听到别人说自己的孩子，心里一定是不舒服的，由此给父母带来的尴尬、矛盾也势必不会少。作为家长，我们除了要自己做到有礼有节以外，更要在孩子面前起到表率作用，才能给孩子以积极的影响。榜样的力量不可小觑。对于如何在孩子交际中树立好榜样的问题，可以从以下几点进行把握：

一、家长要以身作则

苏联教育家马卡连柯曾说："一个父母对自己的要求，一个父母对自己家庭的尊重，一个父母对自己每一行为举止的注重，是对子女最首要的，也是最重要的教育方法。"

孩子是家庭的镜子，孩子的一言一行，折射出家庭教育的优劣。如果孩子不懂礼仪，不懂交际，首先不应该去苛责孩子，因为对于孩子来说，他还无法完全理解什么时候该做什么事，说什么话，这一切都需要家长的早期培养。家长需以身作则，用正确的行为去影响孩子，才会让孩子懂得礼仪，学会交际。

我们进行调研的其中一站是吉林。当时正是冬天，雪后的大地银装素裹，一片苍茫。阳光照在雪上反射出的光芒让人感觉很是炫目，为冬天增添了几丝暖意。我们在公路上小心翼翼地行车。窗外，正看见一对父子在雪地上玩耍，兴味正浓。父亲在前面用脚踩出各种图案，儿子在父亲留下的脚印里跑得乐不可支，把帽子都甩在了脑后。看到这个画面，我的心被触动了，不禁轻轻地说，孩子就是踩着父母的脚印成长起来的。

“可不是吗!”同行的小雅接着说，“我可是深有感触啊!”接着，她和我谈起了她的经历。

小雅是吉林省长春市一所小学的老师。她们家中姐弟二人，小雅对弟弟家的小侄子毛毛非常喜爱，只要有时间就会去弟弟家看望小毛毛。随着孩子一天一天地长大，小雅发现，孩子在很多时候显得有些缺乏礼数。作为姑姑的小雅不由得开始担心，但是由于孩子一直是毛毛妈妈在带，自己也不好说些什么。

有一次，小雅又去看望侄子，顺路给侄子买了很多东西。毛毛看见是姑姑来了，高兴极了，尤其是看见姑姑给自己买了很多好吃的，更是乐得手舞足蹈，拎起来就往自己的卧室跑。毛毛妈妈见此情况，很是生气地喊毛毛出来，然后严厉地对毛毛说：“毛毛，姑姑给你买东西，你怎么那么没有礼貌，不说谢谢呢!告诉你多少次了，你就是没记性!”

毛毛轻轻地吐了一下舌头说：“哎呀，妈妈我忘了。”然后回过头来对小雅说：“谢谢姑姑。”

毛毛妈妈接着说：“这孩子，家里来了客人也不知道用礼貌用语，我总是说他。可是下次家里来了客人，他还是记不住。”

小雅和毛毛妈妈平时关系挺好，就像是闺蜜一样，经常开玩笑，于是小雅很不客气地说：“说得多不如做得好啊，以身示教也许更为有效哦!”

毛毛妈妈假装生气地说道：“挤对我是不！不过你说得也有道理，在孩子面前确实也得注意一点，不能老是这样吵孩子。”

小雅不甘示弱地说：“知道自己的毛病还说我挤对你?”

……

小雅在向我说这件事情的时候自己也不禁笑了起来，看来她和弟媳的关系确实不错。

随后，她又告诉我，因为出差，大概过了一个多月后小雅又去看望毛毛，这次特意给毛毛买了一条牛仔裤。小雅把裤子递给毛毛的时候，毛毛似乎还是没有意识到自己应该说什么。这时毛毛的妈妈对小雅说：“谢谢大姐给毛毛买裤子。”

毛毛一听，马上想起了自己还没有对姑姑表示感谢，于是上前搂住姑姑的脖子亲热地说：“谢谢姑姑。”同时在小雅的脸上亲了一口。

小雅高兴地摸了摸毛毛的头，说：“不用客气，毛毛懂事了。”妈妈看到毛毛的表现，满意地笑了。显然，妈妈的以身作则起到了很好的示范作用。

孩子和父母接触时间最长、最多，也最早，因而父母是孩子最早、最好、影响最深的启蒙老师，空洞的说教远比不上亲自践行。父母榜样的力量在无形中影响着孩子，对孩子具有强烈的感染力。

二、同伴的影响力

蓬生麻中，不扶而直；白沙在涅，与之俱黑。孩子到了上幼儿园的年龄，接触的同伴就会增加很多，孩子每天的大多数时间都是在幼儿园度过的。家长不再每时每刻守着孩子，同伴对于孩子的影响在这时就凸显出来了。幼儿园的小伙伴之间年龄相近，兴趣相似，所处环境又一样，对于孩子来说，幼儿园就是孩子的小社会。同伴之间的交往对于孩子交际能力的提高也发挥着很大的作用。为了更好地发挥同伴的榜样作用，从我作为老师的角度分析，需注意以下几方面：

第一，结交“好”朋友。孩子在上幼儿园以后，会在自己判断的基础上选择朋友，孩子经常和谁在一起玩，就会受到谁的影响。有一次我和我哥的孩子睡，晚上在睡觉之前，他会自己和自己讲话，再现白天在学校的场景。老师说了什么，哪个小朋友说了什么等等。其中提到名字次数最多的，就是他认为最亲密的小伙伴。作为老师及家长，我们可以经常和孩子讨论他的小伙伴哪些地方做得好，哪些行为受到了老师的表扬，让孩子从小就有是非观念，学习小伙伴优秀的地方，结交有礼貌、懂礼仪的好朋友。

第二，发挥老师及父母的作用。孩子总是喜欢被夸奖，受到夸奖比较多的孩子潜能会在夸奖的激发下得到发挥。其他孩子也会尽量让自己向榜样看齐，力图得到老师的认可。这就需要老师多多地发现每个孩子的长处，让每个孩子在满足自己被认可需要的同时，发现其他孩子的优点，继而向其学习，转化为自己的优点。

第三，利用年龄差。很多人觉得年龄上差距过大的孩子可能无法玩到一块儿。由于他们的成长阶段不同，所体现出来的特点和需求也就不同。但是，在调研的过程中，我们试着让两个有年龄差的孩子在一起的时候，结果却比我们想象的要好得多。

丹丹7岁，文文4岁。丹丹很懂事，而且也很愿意照顾文文。小区里有很多健身器材，晚饭后，很多人会去那里锻炼身体。文文看见有大人在健身凳上锻炼，于是她也爬了上去。丹丹看见了，马上跑过去对文文说："文文，快下来，小心摔了。"文文也很听话，听丹丹一说，马上从健身凳上下来。丹丹拉着文文的手，一起去宽阔地带做游戏。

对于丹丹来说，她在照顾文文的同时感受到了自己的责任。文文也很愿意接受丹丹的照顾，因为这个姐姐很温和，不会训斥她，还会和她一起玩耍。文文对于丹丹在心理上有一种依赖，更有一种敬佩和服从。

社会模仿的重要性在这里就体现出来了，对于具有年龄差的孩子们，他们会从彼此的身上都学到或领悟到一些东西，让自己提高。年龄大的孩子会更具有耐心、爱心和责任心，年龄小的孩子则提高了自己的行为能力。

三、选择榜样讲方法

在培养孩子交际能力的过程中，榜样的作用毋庸置疑。但是作为家长我们在注重榜样教育的同时，还要在选择榜样的方面讲究方法，这样才不至于枉费力气。在这方面，我们可以注意以下几点：

第一，不高频率地拿孩子的劣势和别人的优势比较。孩子在榜样的感召作用下，会提高自己的交际能力，让自己有礼有节。但是在这里有一点引起了我们的注意，研究发现，有近半数的父母经常拿孩子和别人比较。大到各种名人，小到身边某某家孩子，在各个方面都会时不时地有一个"别人家孩子"出现，而孩子则比较反感这种比较，认为自己在和别人的比较中显得一无是处，结果造成孩子要么自卑，要么对抗。而这样的结果都不是我们想要得到的。榜样的作用在于更好地给孩子起到示范作用和激励孩子，而不是盲目的比较。否则，只能让孩子更加反感，得到的效果也就适得其反。

第二，榜样的树立要适合孩子的特点。现实生活中有很多客观存在的榜样，而榜样的可信性就在于他的真实性。在对孩子进行榜样教育的同时，不要刻意掩饰榜样的缺点，这样才会让孩子觉得真实可信、具体又可触摸。

随着孩子的思考力和判断力的不断提升，孩子的独立性也明显增强。因此，对于榜样的选择要考虑到孩子的年龄特点，不断调整榜样教育的方式方法，向孩子传递正能量，引导孩子自主选择合适的榜样。

适时树立孩子的交往意识

一天早上，我去上班时，在电梯里遇见一位40岁左右的中年女子。我知道她是我们12楼的住户，于是我微笑着和她打招呼："早。"

很明显她没有想到我会和她打招呼，迟疑了一下，然后有点惊讶地看看我，说："早啊。你是这栋楼的？"

"是啊，我从这栋楼交工就一直住这。我在16楼。"

她有点尴尬地笑了笑，用低低的声音说："以前还真没注意。"

电梯到了一楼，我们的交谈就此结束，出了楼门，各奔东西。

一个小小的镜头让我感觉到了高楼大厦中人们的陌生，缺乏交流让人们互相变得冷漠。作为从事教育工作的我，很自然地就会想到，如果这种行为影响了今天的孩子，那将是多么可悲的一件事。

一个成功的人，要有卓越的能力，要有宽广的胸襟，要有智慧，有胆识，还要有较强的交往能力。从小就帮助孩子树立交往意识，作为父母，任重道远。

一、满足孩子的交往需求

在我居住的小区里，有一所幼儿园，其中有一个留着小辫子的小姑娘让我印象深刻。因为无论什么时候我看见她，她的手里永远是拿着一只棕色的小熊。有一次在小区里乘凉时遇见了这个小姑娘和她的妈妈。通过交谈，她的妈妈告诉我："这孩子无论在家还是去幼儿园，都一定要抱着她的小棕熊，吃饭、走路、睡觉，无一例外。不管小伙伴有多少，她只和她的小棕熊玩，一会儿不见了小棕熊，就会哇哇大哭。"

孩子依恋的事物，在孩子的生活中扮演了重要的角色，可能有时候是她的宝贝，有时候是她的朋友，有时候是她的同学。孩子对于一件东西过于依恋，会对孩子的心理健康产生不好的影响。从另一个角度看，折射出的是孩子因缺乏交往而孤独。

我们给孩子提供最好的吃、穿、用，有时却可能忽视了孩子的交往需求。孩子想要与同伴交往，可是由于性格等多方面原因，又不敢敞开心扉与人交往，久而久之，让孩子内心积压了很多负面的感受，进而把情感寄托在玩具身上。

满足孩子的交往需求，注重孩子交往能力的培养，对于孩子的心理健康有着积极而重要的影响。我们要在初期就注意到孩子有无恋物的迹象，及时和孩子沟通，给予孩子更多的关爱，帮助孩子及时树立正确的交往意识。

二、启迪孩子萌发交往意识

有时候我们带孩子出去参加聚会，同时也有其他同事家的孩子在场，我们很希望小孩子之间能够很好地在一起玩耍，可是有时候孩子之间因为陌生会离得很远，甚至连说话都很少。有玩具提供给他们的时候，也会自己玩自己的，并没有想在一起玩的意思。大人们再三地提醒，"和小朋友一起玩。"可是孩子还是自己玩自己的。

孩子的天性应该是喜欢热闹的，但是在有同龄小朋友的场合，有时候孩子反而显得更愿意独处。这表明孩子的交往意识很弱，在什么场合都不能体会到交往的乐趣。

也许你会认为这样的孩子就是天生内向，不爱与人交往。如果我们能够及早地对孩子产生影响，经常和孩子聊聊天，讨论见到的一些新奇事物，听听孩子的想法，同时把自己的想法和孩子一起分享，和孩子一起做游戏，充分调动孩子的积极性，让孩子在愉快的气氛中感受到交流带来的乐趣，并且对下次的参与很期待，就会让孩子逐渐萌发交往的意识。

父母的启蒙作用无可替代，和孩子多交流，与孩子打成一片，会让孩子逐步树立起交往的意识，让孩子在交往中抒发自己的情感，讲述自己的想法。通过与孩子的交流，你可以更多地了解孩子的兴趣，关心孩子的需要；孩子会体会到交往的乐趣，会更乐于与人交往。

三、巩固孩子的交往意识

孟子曾留下金石良言："人之相识，贵在相知；人之相知，贵在知心。"朋友是一生之中最宝贵的财富。帮助孩子树立交往意识，让孩子在今后的生活中多结交朋友，有助于孩子树立自信心，提高协调能力，经受人生的考验。

在我们进行的调研中，有一位母亲，在帮助孩子提高交际能力方面做得就很优秀。这位母亲叫王梦雪。梦雪的孩子已经到了上幼儿园的年龄，可她总是能看到刚上幼儿园的孩子哭闹，担心自己的孩子上幼儿园后也会这样。为了让孩子更快地融入幼儿园的生活中，她在闲暇时候总是带着孩子站在幼儿园栅栏边上，看园里的小朋友做游戏，同时，告诉孩子，和小朋友一起玩是多么高兴的一件事。幼儿园还有老师，可以教孩子很多很多的知识，讲好多好多的故事。就这样，梦雪的孩子在没有上幼儿园之前就很向往上幼儿园。

经过梦雪一段时间的影响，孩子上幼儿园后，果然没有和其他孩子一样哭闹不止，而是很高兴，并且很愿意和小朋友在一起。

为了能让孩子和小朋友更好地交往，梦雪每天都会问孩子："今天和谁交朋友了？还有哪些小朋友还不认识，明天再多认识几个小朋友哦。"梦雪经常会给孩子多带几个水果，让孩子带给自己的好朋友，让孩子把自己的玩具给小朋友玩，通过玩具为孩子提供交往的机会。

在回家的路上，梦雪会经常和孩子聊一聊幼儿园的事，她会问孩子，"今天和小朋友玩什么游戏了?""别人想玩你的玩具你怎么办?""你想玩别人的玩具时应该怎么说?"等等话题。

梦雪在向我讲这些事情的时候，很是兴奋，当然，脸上洋溢着幸福与骄傲，因为她在向一位老师讲述她的"育儿经"。

孩子在与同伴的交往中学会了分享、互相帮助、谦让、礼貌等。通过梦雪教育孩子的事例，在树立孩子交往意识方面，可以得到一些启示：

第一，激起孩子的交往欲望。当孩子表现出对与其他小朋友的交往有恐惧感或者不愿意与其他小朋友交流时，家长的鼓励很重要，它可以为孩子缓解紧张感和不适感，在孩子逐渐敢于迈出交往的第一步时，孩子会感受到和同伴在一起的乐趣。

第二，及时解决孩子交往中遇到的问题。孩子在交往中的困难就像前进路上鞋中的沙子，看似很小，但是对孩子的影响却很大。及时解决孩子遇到的问题，会让孩子与人交往的意识增强。

当孩子萌发交往的意识以后，家长要做孩子的助推器，及时巩固孩子的交往意识，让孩子由被动向主动转化。

三、通过游戏树立孩子的交往意识

我妹妹家的孩子小辛琪今年已经4岁了，她很喜欢玩拼图，所以我经常会挑选一些比较简单的拼图带给她。有一次，我去妹妹家，正巧辛琪又在玩拼图。不过这次她玩的拼图很复杂，小小的碎片混在一起，我看着也觉得很麻烦。不过很快，她就拼好了，并且很高兴地拿给我看。我很惊讶，还记得上次来的时候她最多成功玩六块的大块拼图，这次进步竟然如此之大。

我不禁夸赞她："辛琪真棒，这么复杂的拼图都能这么快拼好。"小辛琪一边玩一边说："我在学校就总是和刘星辰一起玩拼图。我们俩总是所有小朋友里拼得最快的。"

听到这里，我很想知道辛琪和她口中的刘星辰是如何一起玩的。难道仅仅是因为刘星辰游戏玩得好而影响了辛琪的能力吗？为此，我很想见见幼儿园的这位老师。在辛琪的指引下，我找到了这位老师。

辛琪的中班老师姓胡，二十六七岁，留着清新马尾，语气温和，很容易亲近。由于都是从事教育工作，我们很快找到了很多共同语言。接下来正巧是游戏课，胡老师也给我安排了一些任务，于是我负责给小朋友分发玩具，胡老师负责给小朋友分组。

我发现胡老师在带领孩子游戏的过程中总会让多个孩子去玩一个游戏。幼儿园的玩具很多，但是她会让两个或者三个小朋友玩一套玩具。比如在玩积木的时候，胡老师会发给三个孩子一套积木，然后让孩子们自己分配任务，有的孩子搭楼房，有的孩子搭桥梁，同时要考虑到整体的协调性。孩子中最终共同完成得比较好的几组，会得到老师的表扬，而表现欠佳的组别也会得到老师的鼓励。

其实，胡老师让孩子们玩感兴趣的游戏，首先提起了孩子们的积极性，其次也是最重要的，是让多个孩子玩一个游戏，并设置了奖励制度，这样为了尽快地完成游戏，为了得到奖励，会迫使孩子们积极地与他人主动交流，在潜移默化中树立了孩子的交往意识。

胡老师的教育方法无疑是正确的也是具有科学性的，通过合作性的游戏让孩子更愿意与他人交流，分工合作，解决问题，安抚朋友。

该“放手”时要“放手”

有一次周五下班的路上，我遇见了一位好久不见的朋友。一见面，她就向我诉起了苦。她说，她的孩子今年上六年级，总是喜欢玩，以至于学习都不放在心上。她很着急孩子的学习，于是她就让孩子尽量少跟朋友来往。每当孩子在家的时候，她就会看紧电话，如果是找孩子的，她马上会告诉对方孩子不在家。每天听到电话神经都会变得紧张，最近感觉很疲惫。最可气的是，她的孩子却一点不领情，还总是避着她，和她没有半点交流。

江苏常州700户家庭教育现状调查结果显示：最不喜欢的人是父母的占54.4%。湖南人民广播电台《我心中的爸爸妈妈》500份稿件中，表示对父母不满的达到90%。上海90%的青少年对自己的父母不满，70%的学生认为家长不了解自己，34%的不喜欢自己的家。对上海家长的调查：对子女教育感到困惑的占86.4%；非常困惑、苦恼的占15%。这些信息让我不得不思考：我们为孩子付出了那么多的爱，可是孩子为什么不喜欢我们？我们的教育方法和观念，可能真的有点跟不上孩子的步伐，在某些方面，显得那么不合时宜。

后来，我在听了两位母亲的聊天之后，也深有感触。一位母亲问：“为孩子操心什么时候才是个头呢？”

另一位母亲说：“什么时候我的生命画上句号，什么时候就是头了。”

听着听着让人感觉心里热热的，又酸酸的，字字体现出伟大的母爱，可是，这样的爱之下造就的孩子真能让父母省心吗？对于孩子，我们往往是爱太多，而法欠妥，使得我们总是在抱怨付出与回报不成正比。在我们一再强调孩子要“听话”、“懂事”、“乖”的时候，有没有想过给孩子一些独立的发展空间呢？换换教育理念，适当“放手”，可能会事半功倍。

一、借鉴西方父母的交往观

东西方之间在很多方面都存在着差异：东方人含蓄，西方人热情；东方人内敛，西方人奔放。但是对于孩子的爱是一样的。在孩子交往能力的一些问题上，西方父母有些观点和我们不同，我们可以适当借鉴一下：

第一，在我们大多数人看来，孩子是属于父母的，所以一切要听父母的。孩子和什么人交往，家庭什么样，父母是做什么的，几乎都要调查清楚。

西方家长普遍认为，孩子是一个独立的个体，有自己独立的意愿和个性。只要不是和十恶不赦之人交往，就不会横加阻拦，毕竟每个人都有值得学习的长处。

第二，我们除了对孩子生活上的无微不至的照顾以外，最关心的还是孩子的学习，除了学习什么都不用做，也不要做。

西方家长更为重视孩子健康心理和交往能力的培养。他们认为，能够适应各种环境，具备较强的交往能力才能在社会中更好地生存。

据此可以看出，我们的家长望子成龙心切，可是恰恰就会因此忽视孩子交往能力的培养。在社会瞬息万变的今天，不具备较强的适应社会的能力无疑会举步维艰，所以，爱孩子，要放手。

二、不要让爱变沉重

孩子到了一定时期，有很多事情希望自己动手，可是大人总是担心得太多，以至于把孩子的能力扼杀在初始状态。我碰到这样一位母亲，她总是说早上的时间太短，其实她起得并不晚，可是时间大部分都花在给孩子穿衣、洗脸、喂饭等事情上。你不要以为她的孩子还小，孩子已经6岁了。我建议她试着让孩子自己去做这些事情，可是这位母亲既怕孩子做不好，又怕孩子累，认为等到孩子长大自然就会自理。

这位家长，从孩子小的时候就剥夺了孩子锻炼的机会，慢慢地也就让孩子失去了独立的能力。如何让孩子在交往中独立，值得我们认真思考：

第一，放飞孩子思维的翅膀。记得看过这样一则笑话：老师出题让小朋友用“况且”造句。小朋友答：上学路上，一列火车经过，况且况且况且……

笑过之余，我被小朋友的天真所打动，孩子的思维是无边无际的，可是由于有许多条条框框的束缚，使得孩子最后只剩下了死板的思想。

让孩子独立思考才能善于发现问题，解决问题，不被难题牵绊。孩子的这种能力不是天生的，需要逐步地培养和训练。孩子只有拥有了自由放开的思想，才会不断闪耀出智慧的光芒。

第二，对孩子多些理解和尊重。有一些事情在孩子的心中有着自己的判断标准。孩子在交往中经常会有一些争吵或者争抢的事情发生，家长或者老师往往会简单地予以阻止，并不问清其中的缘由。从表面上看，平息了一场小风波，可是却忽视了孩子心中的道德标准。

争吵不都是坏事，我去过一个幼儿园，其中的一幕对我们也许有所启示：两个小朋友因为一辆扭扭车在争吵。晶晶想要玩，楠楠也想玩，并且楠楠坐在上面不肯下来。晶晶和楠楠都紧紧拽住小车不松手。老师在一旁并没有插手，静静地看着事情的变化。争吵一会儿以后，两个小朋友都意识到，这样的争吵对于事情的解决一点帮助也没有，谁都没有玩成。后来，晶晶想出一个办法，她说："咱俩一起玩吧，你开到窗户那开回来给我，我开回来再给你，行吧？"楠楠很快同意了，两个小朋友最终自己解决了问题，而且玩得很开心。

在争吵中，有些孩子会自己分析与同伴相处的技巧，学会自我控制、宽容和礼让，这其中，孩子的交往能力可以得到培养，语言能力也会得到提高。当再发生类似的争吵时，我们不妨听听孩子的解决办法，让孩子自己来处理。

第三，让孩子在独立交往中初尝成功的喜悦。我们平时要会刻意地创造孩子与人多交往的机会。孩子在交往成功后会充满喜悦，进而提高自身的能力。比如，我们去买小件东西的时候，可以让孩子去结账；让孩子和邻居阿姨打招呼，借一些小物件等等。让孩子一人独立完成这些小事，我们只要起到提醒作用即可。

三、"放手"不"放弃"

给孩子足够的独立交往空间，是提高孩子能力的重要一步，适度的放手会让孩子更好地成长。但是"放手"不等于"放任自流"，否则就会从一个极端走向另一个极端。对于孩子，我们给予充分的信任和理解，孩子会还给我们一个惊喜。

白小霞的儿子今年5岁，叫郑杰，正上幼儿园的中班。平时小霞的时间比较紧，接送孩子的时候比较少，经常是爷爷代她接送孩子。有一天，小霞正好有时间，于是去幼儿园接孩子。老师告诉小霞，今天郑杰被其他小朋友推倒了，磕到了膝盖，并且再三向郑杰的妈妈表示了歉意。小霞向老师询问了郑杰在幼儿园的表现。老师告诉她，郑杰在幼儿园一般情况下是不受欺负的，因为他“动手”能力很强，如果有人欺负他，他必定会还手。老师经常会制止教导，可是收效不是很大。今天惹毛了一个比他大的孩子，结果受了些伤。老师又一次表示出自己工作的失职，希望小霞原谅。

小霞并没有责怪老师，她很明理，心中也知道，孩子平时的表现就不好，经常欺负别人，这和爷爷总给孩子灌输的思想有着很大关系。出于疼爱，爷爷经常会告诉小杰：“如果有人欺负你，你就打他!”也是由于自己疏于对孩子的管教，让孩子不仅不受欢迎，而且还很不利于成长。小霞知道自己必须对孩子管一管了，再忙也不能以此为借口，放任孩子，误了孩子。

小霞首先告诉孩子，要和小朋友好好相处，大家都是好朋友，绝不可以不满足自己的愿望就动手。

而在孩子之间出现矛盾时，她绝不会立刻找其他家长或者老师无理取闹，会在了解事情来龙去脉后，和孩子一起讨论解决的办法，然后让孩子自己去解决。

她每天向孩子询问一些好的动向，尽量让孩子感受到在幼儿园与小朋友交往时的快乐。对于孩子的一些哪怕是极小的进步，也从不吝于鼓励。

她的努力没有白费，选对方法，终会看到改变。当小霞和我说起这些事情的时候，她的笑容告诉了我，她对了。通过小霞的事例，我对于“放手”度的把握方面总结如下：

第一，不包办，效果好。不盲目亲自处理孩子在交往中遇到的问题，孩子的潜能很大，何不让它发挥出来？家长的过多干涉只会适得其反。

第二，讲道理，孩子懂。上了幼儿园的孩子接触的人和事明显增多，理解能力也有了很大的提升。和孩子讲清其中的道理，让孩子以自己的方式解决。

第三，多鼓励，见成效。对于孩子在交往中取得的成绩，体现出的胆量、勇气、智慧，我们要及时给予肯定并且多鼓励孩子参与一些团体活动，增加交往频率。

孩子是有思想、有见解、有方法、有智慧的，给孩子足够的空间进行独立的交往，该“放手”时就“放手”。孩子会在交往中掌握必要的技能，促进建立良好的人际关系，为将来的成功带来无尽可能。

和孩子一起“过家家”

我家楼上住着一家三口，父亲在油田工作，母亲在超市做理货员，有一个5岁的男孩。我在家的时候，经常可以听到楼上孩子来回跑的声音和开心的笑声，咚咚的响声里彰显着孩子的快乐。

每次在小区里遇到楼上的母亲，对于住在她楼下的我，她总会因为孩子太好动而可能影响我表示抱歉，我对此很理解。我们会经常聊一些有关孩子的话题。孩子的母亲朴实善良，虽然文化水平不是很高，但是对于教育孩子方面却很重视。她告诉我，只要有时间，她就会和孩子一起玩“过家家”游戏。这点让我很意外，“过家家”游戏通常都是孩子和孩子之间玩，大人怎么也和孩子玩呢？但是她告诉我，原来她的孩子很内向，见到陌生人也不知道应该说什么话。有次在电视上看到“过家家”的游戏挺好玩，对开发孩子的交际潜能很有用。因为孩子是家里的独生子，所以她就和孩子一起玩，扮演不同的角色。经过一段时间后，她发现现在孩子胆子大了很多，也开朗了很多，在幼儿园和小朋友的交往明显增加。

通过这位母亲的描述，不难看出“过家家”游戏对于孩子交往能力提高所起到的作用。为此，我也非常感兴趣。

一、重视“过家家”

4月中旬的洛阳，正是牡丹花开的时节。正赶上去洛阳出差，顺便大饱了眼福。我还清楚地记得那是周日，天气很好，园中游人如织，真有点“洛阳春日最繁华”的意思。一片“洛阳红”吸引了我的目光。

正在赏花时，听见身边有小孩子的说话声，“妈妈，我明天不想去幼儿园了，行吗?”稚嫩的声音带点哭腔，带点央求，带点无奈。

孩子的妈妈也很无奈地说：“你要是不去幼儿园，怎么能学到知识呢？和小朋友一起玩，不是很有趣吗?”

眼前的繁花都没有让孩子的情绪有一点点好转，孩子嘟着嘴说：“我不喜欢小朋友，他们都不好，我不想和他们玩。”

孩子的妈妈看见我正微笑地看着她们，向我笑了笑。看到小孩子，我总是觉得很亲近。而且看出孩子心中似有不快，我于是和孩子的母亲攀谈起来。

母亲告诉我，孩子已经3岁半了，总是不爱上幼儿园。一周的幼儿园生活对于这个孩子来说就像关了一星期的禁闭，今天带他出来就是想让他开开心，可是一想到明天上幼儿园他就是高兴不起来，好像明天又要进监狱一样。

我向她询问孩子上幼儿园有多久了，孩子的母亲告诉我，已经有四个月左右了，可是孩子就是无法适应幼儿园的生活。在幼儿园和小朋友之间交流很少，总是自己玩玩具，所以觉得很孤单。

我问这位母亲，孩子在家的时候，有没有经常和孩子玩“过家家”的游戏。母亲摇摇头，“工作本来已经很忙，再加上小孩子的游戏显得很幼稚，根本没有想过。”

孩子迟迟不能适应幼儿园的生活，交往能力差，不能体会到群体生活的乐趣，作为家长，要及早关注，予以孩子帮助。我向她建议，经常和孩子在家玩一玩“过家家”的游戏，妈妈可以扮演老师、同学，通过游戏让孩子感受到交流带来的快乐，孩子讨厌幼儿园的情绪可能会有不小的改变。

两岁半的孩子就可以参与到虚拟角色表演中，通过表演表达自己的情感。“过家家”无疑是一个很好的引导式游戏。在“过家家”游戏中，家长和孩子一起参与，孩子通过角色扮演，通过妈妈、爸爸、孩子、医生、售货员、警察等等角色的不断变化，练习和不同人物之间的交流，体会成就感，提高交往能力。

二、和孩子一起玩

我们在小时候都玩过“过家家”的游戏。一块头巾，两个纸盒，都可以成为游戏道具，在游戏中，和小伙伴们玩得乐不可支。“过家家”是孩子根据自己的生活，所表达出的模仿成人的一种游戏。通过游戏，孩子会增加对角色的认同感、责任感。有了家长的参与，孩子会更乐于表现。为此，我总结了以下几点：

首先，做好准备工作。“过家家”的游戏没有预定的规则，没有可遵循的刻板的模式，它最大限度地给孩子自由发挥和想象的空间。家长可以和孩子一起准备一些道具。有了一些具有代表性的道具，更能营造一种真实的氛围。

比如一个小盒子做饭碗，一些沙子做饭菜，一条围巾做披风，一个小板凳做汽车，带上帽子做爸爸等等。简单的道具可以让孩子有一种正式的感觉，认真参与。

其次，父母要投入。“过家家”的游戏对于成人来讲可能显得有些可笑，但是通过这个游戏所发挥的作用却是巨大的，所以请家长一定要投入扮演的角色之中，和孩子用定位的角色来交流。我们可以通过“过家家”和孩子交流，对孩子渗透一些交往的礼仪，让孩子玩得开心，也学得自然。

比如孩子和妈妈角色互换的时候，孩子会学妈妈平时照顾自己一样照顾妈妈，给妈妈倒水、穿衣服等等。妈妈要予以充分配合，在孩子给妈妈喂饭菜的时候，要做出吃得很香的样子，并且及时表示感谢，让孩子能够体会到大人的辛苦，渗透感恩的思想。

在孩子扮演客人的时候，妈妈要有礼貌地招待客人。“你好，请进，请坐，请喝茶”，经常在游戏中渗透礼貌用语，我们会在生活中发现，孩子的表达能力、礼仪意识都会有明显的提高。

再次，主动和孩子“过家家”。有些孩子一个人玩玩具的情况比较多，造成了孩子孤僻、内向、不善交流、不喜表达的性格。主动和孩子“过家家”，能够勾起孩子的兴趣，激发孩子的想象，让孩子充分表达自己的意愿，体会和不同角色交往的情况。

比如，扮演老师的时候，会严格要求；扮演爸爸的时候会显得很强壮；扮演警察的时候会充满正义感等等。孩子会把游戏中的情感迁移到现实生活中，从而增强交往意识，提高分析和解决问题的能力。

三、不可忽视的重点

“过家家”游戏会让孩子在游戏中表现出自己的天性和特点，有助于孩子的自尊心、自信心、成就感的获得。孩子自己是导演，自己是演员，其中的一些想法、做法无论正确与否，都会在孩子的游戏中不断深化下去。所以在游戏的过程中，有一些事项还应该注意：

第一，及时纠正反面行为。随着孩子接触的人不断增加，孩子大脑中存储的信息也在大量增加。在日常生活中见到、学到的一些反面的东西，如果通过游戏表现出来了，一定要及时纠正。

比如，在孩子扮演爸爸的时候，如果遇上“宝宝”不听话，孩子可能会大声呵斥，或者说脏话，甚至打“他”的屁股，以示警告。对孩子的这种暴力倾向要及时制止于萌芽状态。我们在和孩子玩游戏时要通过游戏角色告诉孩子怎么做才是对的，同时让孩子体会一下“小宝宝”的感受，孩子会在有了同感后及时纠正过来。

孩子在游戏中表现出来的说法、做法、想法体现了孩子对于所扮演的社会角色的认同。我们会发现，平时我们不经意间说出的一些话，会让孩子在适当的时间适时地表达出来。孩子成了父母的缩影，通过孩子的表现，我们也可以反思一下是否在平时的生活中有一些欠妥的行为，无形中给予了孩子反面的影响。

第二，做好监护工作。无论孩子大小，在游戏中总是热情高涨，有时候会因为过于投入而忽视了周围的环境。比如由于奔跑过快不能及时停下，撞到桌椅上；在床上或者沙发上跳的时候不小心摔到地上等等。

在和孩子玩的同时，要做好监护工作，选择安全的环境。避免在桌角附近，尽量不让孩子上到高处，把刀、剪等利器收起来，不能让孩子作为道具使用，防止孩子因为太兴奋而无所顾忌，从而可能带来一些危险，对孩子造成不必要的伤害。

第三，让孩子发挥主导作用。和孩子一起“过家家”时，从角色的安排，到服装的选择、情境的设定等，尽量让孩子充分发挥主导作用，我们家长只作为配角配合孩子。

比如孩子会安排我们做学生，发给我们小本子写字，而孩子作为老师指导我们；让我们做姥姥照顾他（她）的孩子，而他（她）去上班等等。

孩子亲自去考虑事情、安排场景，想象力会自由发挥，在不同环境下体会到麻烦、困难、快乐、幸福，锻炼表达能力、交际能力，增加社会交往经验，促进智力的发育。

孩子通过“过家家”游戏增强了对于不同的社会角色的理解，促进了孩子适应社会能力的提高，孩子在游戏中认识人与人之间的种种关系，协调人与人之间的关系，克服自私、任性、以自我为中心等缺点，在自我管理、自我服务中提高了与人合作、交往的能力。

顺势

——叛逆的心灵需顺势培养

作为家长，我们都有这样的体会，在孩子成长的某一阶段，孩子似乎总是与自己对着干：我们让孩子往东，孩子偏偏往西；我们让孩子干的，他却不干；不让孩子动的，他偏偏要去动。为此，总是担心孩子这样不听话，以后怎么融入社会、怎么与其他人交往呢？其实，对于孩子的这种心理，顺势培养便可有效地解决我们所担心的问题。

鼓励孩子融入集体

五一前后，我们高中同学要搞一次同学聚会。多年未见的同学不知道都变成了什么样子，我心里充满了期待。可是到了日子的时候，正赶上我去山西调研，错过了这场聚会，只能在同学们发的照片中想象当时的情景。

当我一页一页翻看着照片时，发现其中有很多人如果不说曾经是我的同学，走在路上我根本不会认识。在学校时，这些同学的普遍特点是：不爱说话，极少参加集体活动，很多时候只是众多的观众之一。

这带给我的感触很大，因为在集体活动中让我又重新认识了曾经快被遗忘的同学。可以说明的一点是，在集体中参与性比较差不利于今后的人际交往，在成功的路上也会走得比较曲折。孩子的早期教育会影响他的一生，鼓励孩子更好地融入集体，对于孩子的责任感、集体感、规则感等的树立都有很大的帮助。

由于个体的差异，情况的各不相同，要鼓励孩子融入集体中，让孩子适应集体生活，可以从家庭和幼儿园两方面入手。

一、为孩子创造体验集体生活的环境

晚饭后去广场散步的时候，我看到两个五六岁的小孩子，他们俩并不认识，家长不断地鼓励他们一起玩游戏，可是他们还是自己玩自己的，对对方提不起丝毫兴趣。天真无邪的孩子之间应该很好沟通，可是看着这两个完全没有交集的孩子，可想而知，他们对于集体生活更会持有排斥的态度了。

果然，通过交流得知，这两个孩子在家都是天真活泼、爱说爱笑的，可是一旦与生人接触或者处于集体中，就会变得沉默寡言、孤立、不合群。这说明长期的以自我为中心，使得孩子对集体生活产生不适应甚至是排斥。两位家长都很重视对孩子的教育，但是苦于没有方法，对于孩子不能更好地融入集体这件事，都很头疼。

人的活动具有社会性，发展离不开集体。具备良好的集体意识，是每个人都应该具有的品质。对于集体活动对孩子的好处，家长基本都持肯定和支持态度，但是对于如何鼓励孩子融入集体的问题上，还可能存在一些问题，我们不妨采取以下几种办法：

第一，为孩子提供接触集体的机会。孩子长期处于孤独的状态，自然对集体缺乏了解。我们可以有意识地增加孩子与集体接触的机会，根据孩子的兴趣爱好带领孩子参加一些集体活动，增强孩子对于集体的认识和了解。比如，可以经常邀请亲朋好友带孩子来家里做客；带孩子去广场，参与幼儿广场舞的训练表演；鼓励孩子参加地方电视台有组织的表演比赛；带孩子出去旅游等等。见得多，自然就丰富了孩子的内心世界；经历得多，自然锻炼了孩子的胆量。孩子慢慢地适应集体活动，逐渐提高参与热情，会自觉融入集体。

第二，让孩子在集体中发挥特长。我们在给孩子创设合适的环境后，在孩子与他人的交往中，要有目的地予以引导。比如，在家庭的聚会中，让孩子充分展现自己的特长。可以表演自己擅长的唱歌、跳舞、说儿歌、画画、折纸、捏橡皮泥等等，同时别忘了给孩子送上鼓励的掌声。他人的认可更能树立孩子融入集体的信心，在擅长的活动中，孩子会积极地发挥主动性。

有时候孩子在集体中，对于某些任务完成得会不太理想，而挫折又是在生活中必然要面对的，这时，鼓励显得非常重要。大家的理解和支持，会增强孩子的心理承受能力，感受到集体的温暖，让孩子更乐于主动参与到集体活动中。

二、充分发挥鼓励的引导作用

鼓励孩子更好地融入集体，单单靠家庭的努力还是不够的，需要家庭与学校的共同努力和配合。孩子大部分时间是在学校度过的，处于集体之中，更要扮演好自己的角色。针对不同的孩子，分析原因，采取对策。对于“鼓励孩子融入集体”这一专题，我特意去幼儿园进行调研，对于几个比较具有代表性的孩子，我和老师一起努力，进行了尝试。

首先是妞妞，她在小二班上课，父母在外地，由爷爷奶奶照顾。老人对于隔代人总是溺爱，事情无论巨细，甚至吃饭还要奶奶喂。妞妞已经上幼儿园好久了，但自己什么也不会，对幼儿园一点兴趣也没有，只有周末才是她最快乐的时候。

妞妞属于独立性较差的孩子。她不喜欢和他人相处，不知道和他人在一起的时候该做什么，怎么做才能做好。由于自己的独立性很差，当和其他小朋友有了比较后，就显出了差距，进而产生了自卑感，对交往产生厌恶心理。

针对这种情况，要注重培养孩子的独立性，让妞妞通过实践活动提高自己的能力。比如老师要及时和妞妞的家长进行沟通。妞妞的爷爷奶奶虽然对妞妞溺爱，但还是很明白事理，知道教育的重要性，只是不知道怎么样操作才好。为此，孩子在家的时候，尽量让她自己锻炼洗手洗脸；时间充裕的情况下多多练习自己穿衣服；在玩完玩具以后，让妞妞自己收拾玩具、叠衣服等等；在孩子取得进步后及时予以夸奖。经过一段时间后，孩子在体会到成功的喜悦感后会充满自信，逐渐消除群体生活中的自卑感，融入集体之中。

第二个引起我注意的孩子叫小真。他总是很沉默，不爱和小朋友一起玩，喜欢自己躲在角落里，在各种活动中总是积极性极差。大家都跳舞的时候，小真会站在最后面，如果有其他小朋友和他发生一点冲撞，小真就会哭起来没完。

小真属于胆小的孩子，总是怯于表现自己，总是想逃避。这类孩子要给予他们更多的爱和关注，用心去呵护。对于胆小的小真，多鼓励是个行之有效的办法。

我在和老师进行沟通后，老师采取了爱心引导法，经常会抱抱他，和他很亲密，这让小真感受到了老师对他的爱。此外，还可以经常用放大镜去看他的优点。比如当小真能够把老师分发的食物都吃光后，老师会及时在小朋友面前予以表扬，并让小朋友向小真学习。

在老师的努力下，小真慢慢树立起信心，也敢和其他小朋友说话了。虽然有时候还是有点羞怯，但是已经有了较大的改变。

第三个孩子叫小齐，他是单亲家庭的孩子，和父亲一起生活。小齐的父亲为了弥补对孩子的内疚感，对孩子宠爱有加。小齐在家里说一不二，当然他把这种性格也带到了幼儿园。他喜欢的玩具一定要拿到手，如果有小朋友和他争抢，小齐就会动手打其他小朋友；小齐吃饭有一个固定的地方，如果有小朋友占了他的地方，他会推翻那个小朋友的椅子。对于老师的管束，小齐根本就听不进去，抵触情绪很强。其他小朋友都不爱和他玩，他也从心理上抗拒和其他小朋友一起玩，俨然是一个孤独的小霸王。

对于小齐这种攻击性比较强的孩子，可以从培养他的责任感入手。孩子喜欢角色扮演，不妨让一些攻击性比较强的孩子多帮助老师负责一些简单的事情，于是我建议让小齐做老师的助手，帮助老师给小朋友排队，在老鹰捉小鸡的游戏中扮演“鸡妈妈”保护“小鸡”，帮助老师一起分发本子等等。利用角色引导，培养小齐的责任感，树立规则意识。

通过老师一段时间有意识的鼓励引导，小齐攻击性行为明显减少，对于老师布置的一些任务，能够及时准确地完成；在为小朋友服务的过程中，和小朋友能够进行良好的沟通，效果较为明显。

通常，孩子在家中总会有一种优越感，而到了集体中就会变成普通的一员，所以孩子要经过环境的过渡。我们需要帮助孩子完成心理的过渡，孩子在集体生活中表现出来的回避、排斥等状况，要及时发现、及时引导，为孩子尽快融入集体生活保驾护航。

教孩子如何“说话”

有一次我去市中心小学办事，正好赶上学生下课。忽然觉得有人拍了我一下，回头一看，是同事文婷家的孩子世昭。世昭已经上四年级了，长得很结实，特别不认生。我们见过两次面，他一眼就认出了我。

世昭看到我很高兴，很随意地问我：“你干啥来了？”似乎和我很熟悉的样子，但实际上我真的和他不熟，仅仅见过两次面而已。

他这样一点礼貌也没有的问候，让我的心里觉得有点不太舒服。我告诉他来办点事。

世昭接着问我：“你咋来的？骑驴？”现在的孩子真是成熟早，不但知道当下流行词汇，而且还敢跟长辈这样说，我不由得心里有点惊叹。说心里话，我觉得有点堵。不过对于孩子我还是笑着说：“我是坐车来的。”

世昭还想说什么，上课铃声响了，他向我做了个鬼脸，然后说了声“拜拜”，向教室的方向跑去。

对于这次意想不到的偶遇，我觉得有些遗憾。世昭短短的两句话，让我觉察到，即使是孩子，掌握一定的沟通技巧也是非常有必要的。

随着孩子年龄的增长，孩子上了小学以后，身心会产生很大的变化，孩子的大脑结构、肌体功能逐步完善，自我意识增强，能够独立地进行自我评价，对事物的感知力、创造力、想象力都有很大程度的发展，情感丰富表现欲强。也正是基于孩子的这些特点，家长需要更加注意和重视孩子的“说话”问题，在说话技巧、方式、态度、用词等方面要给予必要的指导。

语言作为人的交际工具，不仅能够传递信息，更能够通过一个人的说话体现出他的知识水平、道德修养、个人魅力。会说话的人到哪里都受到欢迎，而“乌鸦嘴”却让人讨厌。

有一次，我打电话给一位朋友。接电话的是一个听起来10岁左右的男孩子。他接起电话就问：“喂，谁呀？”因为我和这位朋友很熟，于是我问：“你是谁啊？”谁知那个男孩说：“我就是我！”随后，我想不能再问了，再问就吵起来了。我告诉他我的名字，并且告诉他我找王丽佳，麻烦他给找一下。

那孩子接着说：“哦，等着啊。”然后把电话交给了丽佳。

丽佳接过电话，告诉我接电话的是她的一个外甥，有点没有礼貌，叫我不要见笑。

其实孩子怎么做，做得怎么样，我们都不能去笑话孩子，只是会有些可惜。在孩童阶段折射出来的是教育的结果，正确地教导孩子，让孩子懂得说话的艺术，才能为孩子今后的成功加上一枚重要的砝码。

一、做孩子的“礼貌模板”

对于6～12岁孩子来说，智力发育进入一个迅速发展的阶段，相比以前，更为理智，逐渐觉察了语言的用途。说话也从小时候的模仿为主转变为更多地表达自己的意愿。在这里，教孩子“说话”，已经不再是让孩子简单地表达诉求，更要让孩子注重说话的艺术。

在商场里，我遇见一位母亲正领着儿子挑选玩具。男孩大概八九岁的样子。忽然，孩子发现了在对面货架上的变形金刚，高兴地跑向那边。正巧另一位母亲领着一个4岁左右的小女孩也来买玩具，小男孩由于跑得过于快，当看见小女孩的时候，虽然有意识地躲闪了，但还是把小女孩撞得一个趔趄。

小男孩马上过去对小女孩说“对不起”，逗她开心，然后和小女孩的妈妈说：“阿姨，我刚才跑得太快，不小心撞到了小妹妹，是我的错，对不起。看看小妹妹有没有撞坏。”这时男孩的母亲也已经过来了，又向小女孩的妈妈再三道歉。

本来很心疼女儿的妈妈看到小男孩这样的懂事又有礼貌，自己的孩子也没有怎样，于是也没有责怪男孩的意思，只是叮嘱男孩不要在商场里跑得太快，以免危险。然后女孩的母亲对男孩的母亲说：“你的孩子真懂事，做错了事情不会逃避，勇于承担又很有礼貌，你是怎么教育的啊?”

男孩的母亲看上去是个很恬静的人，她微笑着说：“其实我也不太懂什么，只是平时看电视说父母平时说话的时候多考虑对孩子的影响。为了这孩子，我和他爸爸可是改变了不少。”

……

其实，该母亲说的平时注意自己的说话方式，就是“说话模板”引导的作用，因为家长很注意自己的举止言谈、礼节，孩子也会受到良好的熏陶。

不管是我们老师还是家长，在说话的时候不要太随意，不要说不礼貌的语言，不做不礼貌的行为动作，这样会对孩子产生潜移默化的积极影响。

二、教孩子在合适的时候说话

有时候我们会遇上这样的情况：大人们在说话的时候，孩子在听到某些自己感兴趣或者知道的讯息后，会随意插嘴；甚至在比较安静的书画展览馆里，孩子会兴奋地说个不停等等。这时我们总是会训斥孩子："你懂什么，大人说话，小孩子别插嘴。""这个地方，不可大声说话哦。"

孩子到了一定年龄喜欢表达，也希望通过表达引起他人的注意，简单的教训不会让孩子在心理上接受。让他学会克制的前提是要让他明白克制的原因。

比如，对于孩子经常打断大人谈话这个问题时，可以对孩子说："我们很喜欢你提的问题，但是随便打断别人的谈话是不礼貌的。你要等到大人话说完之后再说你的观点。"并且记得在谈话结束后，要和孩子一起讨论孩子的问题。孩子的参与热情不但不会被浇灭，还会逐渐学会倾听，学会克制。

秀颀是小学三年级的学生，性格开朗，活泼好动，但是知心朋友却一个也没有。原来，都是因为秀颀的说话方式总是会引人不满。

课间游戏的时候，秀颀发现同学琳琳的扣子扣错了，于是在同学面前大声说道："看哪，琳琳的扣子都扣偏了，笑死人了。"然后哈哈大笑起来。

在秀颀话出口的瞬间，琳琳的脸"腾"地红了，同时两眼冒着怒火，朝着秀颀大喊："怎么了，我愿意，哼！"然后跑开了，可以看到琳琳的眼里还强忍着泪花。

一句在秀颀看来是普通的玩笑话，却伤害了琳琳。琳琳觉得自己受到了嘲笑，自尊心受到了伤害。而秀颀并没有意识到自己哪里做错了，只是归结于女孩子就是太小气。

老师发现了偷着哭的琳琳，问明白了原因，在安慰了琳琳以后，找到了秀颀。告诉她，对于这样的事情，秀颀可以和琳琳悄悄说，提醒琳琳一下。如果换成自己扣错扣子被同学们公然哄笑，即使大家没有恶意，心里也会不舒服的。

秀颀明白是自己说话太不顾及别人的感受，才导致了总是无意伤人。在老师经常的提醒下，秀颀开始试着转换角度，想象着当某些事情发生在自己身上的时候，哪些话是自己愿意听到的，哪些是自己不爱听到的。久而久之，秀颀“伤人”的话越来越少，“暖人”的话越来越多，在班级里也越来受其他同学的欢迎。

在教孩子说话的过程中，让孩子多为他人考虑，时常转换立场，可以让孩子在交往的过程中变得善解人意，受人欢迎。

有人说：“孩子是纯真的，不应该有那么多的约束，‘散养’更利于天性的发挥。”正因为孩子是纯真的，他在接受外界影响的时候，选择性较弱，我们更应该帮助孩子接受正面的影响，树立主流价值观。除了语言表达方式外，肢体语言、礼仪也是一种“说话”方式，所以，对于如何干预和引导孩子更好地“说话”，我总结出了一些建议与重点，供大家参考：

1．和比自己小的同伴说话的时候，要建立平等关系，不要因为自己比其他孩子大就居高临下，随意发号施令，欺负弱小。

2．重视礼貌，特别是在亲朋好友面前。当然，有礼貌不是专门对外的，要对所有人尊重。

3．无论和别人说话还是听别人说话，左顾右盼是不尊重别人的表现，尽量看着对方的眼睛，真诚会通过眼神流露出来。

4．在接公众电话时，自己要礼貌问候，主动告知自己是谁。

5．牙尖嘴利不是优点，无论多么生气，都不要用尖酸刻薄的话攻击人。

6．有求于人的时候说话要诚恳。

7．有意见提的时候要用“建议”。

“顶嘴”的孩子怎么办?

记得那是一个冬天，天气很冷，早上一上班，同事张丹就向我诉苦她家的孩子。她对我说，现在的孩子真是越来越不好管教了，昨晚已经十点半了，孩子还在看电视，我叫了几遍让去睡觉，可孩子一点睡觉的意思都没有。于是，她走过去直接把电视关掉了。孩子很生气，向她大喊：“你干什么？为什么给我把电视关了，我还没有看完呢!”

张丹生气地对孩子说，你看看都几点了！还不睡觉，明天早上又不爱起床，一点时间观念都没有!

谁知，孩子扔下一句：“你真讨厌!”然后气呼呼地跑回自己的房间。随后“砰”的一声，门重重地关上了。

她跟我说这些的时候显得很委屈，她不能理解，原本听话的儿子，最近怎么总是喜欢顶嘴。那一夜，郁闷的张丹整晚都没有睡好。

孩子慢慢长大，不再事事依附于家长，有了自己独立的思想，心中有了一丝的叛逆，与父母“顶嘴”的情况逐渐多了起来。对于孩子的这种情况，如果不加以疏导，必然会影响孩子今后的交际，那么，我们老师及父母该如何处理呢?

一、读懂孩子心声

孩子开始与父母顶嘴，往往也是其心理出现叛逆的一种征兆。顶嘴的孩子会让家长觉得很难办，打不对，骂不行，说不听。家长式教育使家长和孩子之间缺乏交流，针尖对上了麦芒，越是打压，越有愈演愈烈之势。

引起孩子顶嘴的原因很多，更多地了解孩子顶嘴的原因、理解孩子顶嘴的动机，有助于和孩子相处得和谐融洽。探究孩子顶嘴的原因，主要有以下几个方面：

第一，孩子心理焦虑。孩子顶嘴有时候并不是因为主观上的故意，心理焦虑会让原本礼貌的孩子脾气暴躁，容易顶嘴。有时候我会发现孩子注意力不集中，不爱吃，不爱玩，对什么都提不起兴趣来。引起这些反常情绪的原因通常是在学校中遇到了什么不开心的事情，或者感受到了什么压力。在这种情况下，孩子容易和家长顶嘴。

第二，家长小题大做。一件小事被家长反复地唠叨没完，在类似场景发生的时候，总会引起以前的一些事情，“上次你就怎么怎么样，这次你又如何……你真是让我不省心……”

诸如此类，不仅达不到教育目的，还会让孩子心生厌烦，控制不住，就会顶嘴。

第三，孩子受了委屈。有时候孩子出于好心想要帮助家里做些事情，可是由于能力有限好心办了坏事。比如孩子想帮助家长拖地，可是拖布没有完全拧干，地板上留下道道的水印，还不如不拖。家长如果不问缘由地只看结果不看动机，对孩子横加指责，会让孩子觉得很受委屈，孩子会为了辩解而和家长顶嘴。

第四，对孩子过于放纵。家长对于孩子从小就溺爱，认为孩子说话冲撞人是“个性”，能辩驳是“聪明”。久而久之，孩子顶嘴习惯养成且难以改掉，认为顶嘴是达到自己要求、发泄不满情绪等的正常渠道。这样的性格发展下去，会逐渐变得自私、利己、高傲、自大，对人际关系有着极强的破坏力。

二、选对方法很重要

在听了张丹的孩子与自己顶嘴的事情后，我又走访了一些总是和父母顶嘴的孩子及其家长，收集了相关资料进行研究分析。其实很多孩子顶嘴是一种成长的表现，这种现象很正常，我们大人没必要担心。我总结了以下一些解决孩子“顶嘴”问题的方法，愿与大家共同探讨分享。

第一，多沟通，少发火。孩子和父母顶嘴是因为孩子不懂事，而如果我们大人因此对孩子发火的话就是我们的不对了。因此，大人首先要做的是和孩子主动沟通，控制自己的情绪，不要迁怒于孩子。如张丹的表现就是不妥的，因为在孩子顶嘴后，她还进行了“火上浇油”。

孩子有自己的小世界。他们的想法在我们看来虽然有时候显得很幼稚，但是对于孩子来说却是很重要的。我们更多的是需要多与孩子沟通，了解孩子，排解孩子心中的压力，为他抚平情绪，和他讲清原因，也不至于因为无处发泄而四处发泄。

第二，换一种方式提醒孩子的不礼貌行为。孩子在与父母顶嘴之后，父母与其说“不许和大人顶嘴”，还不如说“你这种说话方式妈妈很不喜欢，你能慢慢地用你的道理说服我吗？”如果孩子正在气头上的时候，可以说：“我知道你现在很生气，但是和妈妈顶嘴是不对的，等你冷静下来我们再谈好吗？”如果孩子是无意间和父母顶嘴的，父母可以说：“我不喜欢你这种说话口气，你能换一种方式和我说话吗?”等等。

第三，用大人的口气与孩子沟通。比如张丹让孩子关电视的时候孩子不听话，没有关，张丹可以对孩子说：“为什么不去睡觉呢?你告诉妈妈，如果理由正当，我就让你看电视。”这样不但迎合了孩子成长的需求，也解决了孩子顶嘴的问题。

第四，尊重孩子。孩子在成长的过程中都会出现心理敏感期，也有了一定的自尊心，如果大人在众人面前一味地唠叨，这会伤害孩子的自尊心，激怒孩子。如果这时候大人还是碎碎念念不时地拿出来说，更会激起孩子的逆反心理，这一点家长需注意。

第五，注意教育方式。有些孩子的顶嘴是一种无理的顶撞与反抗，甚至说一些“过度”的语言，比如脏话。这往往是由于家庭过于溺爱造成的，因此，首先要改变孩子的教育方式；其次，要进行合理的批评和惩罚，一定要严格制止这种无理的行为。

孩子与大人顶嘴，多可以用以上五条方法来解决。针对张丹的情况，我按照以上五条为她制订了一份“顺势培养表”，目的是解决孩子与张丹的顶嘴问题。从最后的效果来看相当不错，卓有成效。总之，有因才有果，从源头入手，具体情况具体分析，才能正确地解决问题。

帮助孩子改善人际关系

俗话说："失败是成功之母。"人只有在不断磨练中才能够不断强大，交际也是如此。孩子只有在不断的交往中，才能够练就好口才，学习到与他人沟通的技巧，懂得如何处理与他人之间的矛盾等等。但是，孩子对交际的认识毕竟是有限的，在遇到有些交际问题时他可能无法处理，这时，就需要我们老师、父母帮助孩子改善孩子的某些人际关系。但是在这个过程中，老师、父母需要把握一定的度，否则会让孩子养成不良的交际习惯。

一、帮孩子"寻找"朋友

这是一个北京的家庭，孩子的爸爸姓王，妈妈姓张。这里，我暂且称他们为王先生和张女士。主人公是一个10岁的男孩，名叫王维。能够与这个家庭进行沟通交流源自我的爸爸，王先生的父亲和我爸爸是好朋友。听我爸爸说，他们当年一起在一个地方下乡插队，一起干过很多有意思的事情。后来王叔叔回城了，我爸爸留在了农村。

直到多年前，王叔叔病故，王先生依照王叔叔的嘱托，要和我们家成为世交，来过我们家几次，这样我们才认识了。王叔叔去世后，王先生将家里的房子卖了，开始做生意，和妻子去过很多地方。可能生意做得不是太好，一直走南闯北没有固定的住所，直到2009年，王先生来我家看望我爸爸，才知道准备定居北京，因为北京房价太贵，所以暂时还是租的房子，准备过几年后再买（现在，他们在北京已经有自己的房子了）。

王维是一个聪明的孩子，第一次见他我就喜欢上了他。那天，他和爸爸、妈妈一走进我们家大门，王先生刚刚问候完我爸爸和妈妈，小家伙便礼貌地说："爷爷好，奶奶好。"然后转过来对着我微笑着说："阿姨好。"看到小家伙这么懂事，我们心里非常开心。

因为我爸爸住在农村，大门经常是开着的，邻居家的孩子经常来找我哥哥的孩子玩。在王先生和我爸爸聊天期间，王维就和我哥哥的孩子以及邻居家的小朋友玩在了一起，而且一点也看不出来孩子们之间的陌生感。这一点让我觉得很有意思，也很好奇。要知道，我哥哥的孩子比王维小2岁，我哥哥每次带他到学校找我，他只会躲着爸爸身后，从来不敢和学校的孩子打招呼。而王维在这样的陌生环境下，却表现得如此从容，这是我没有想到的。

于是，我找张女士聊了关于王维教育的事情，并说出了我心中的疑惑。张女士在听到这个话题之后显得很有兴致。她对我说，早些年，也就是在孩子五六岁的时候吧，王先生的生意一直不是很顺利，生活比较艰苦，住所也不是很固定，经常从这个城市搬到另外一个陌生的城市，所以，搬家是经常的事，孩子的生活、学习环境也经常更换。那时候我很担心，孩子到一个陌生的环境之后会不习惯，没有了以前的好朋友一起玩会变得孤单寂寞，甚至我还担心孩子会得自闭症。所以，我们每搬到一个新的城市安顿下来之后，我做的第一件事就是帮孩子找朋友。

我好奇地问张女士，给孩子找朋友，这怎么找呢？

张女士微笑着说，那时候孩子还小，每次出门看到邻居家的孩子在户外玩耍的时候，我就会建议儿子去和他们打招呼。刚开始的时候，儿子显得很害怕，不敢去。于是我就主动向前为他们介绍，我就说："小朋友你们好，我是你们的新邻居，这是我的儿子叫王维，你们能和他一起玩吗？"通常那些小朋友都会高兴地同意，就这样持续了几次后，儿子发现我每次主动和小朋友打招呼的时候，他们都很高兴。所以，后来我们每次搬家到一个陌生地方的时候，我让他去主动和邻居家的小朋友打招呼，他也很积极，有时候我不说他也会主动和其他伙伴打招呼。等他们熟悉之后，我会让王维邀请孩子到家里来玩。为了让更多的孩子喜欢王维，我给他买了很多玩具。孩子想以前的好朋友的时候，我会抽空带他去拜访。记得那一年我们住在福州，儿子总是跟我说起在厦门那时候的一个朋友，于是五一的时候我带着孩子去了一趟厦门。

听到这里，我深深地感到张女士对于儿子的交际培养真是用心良苦啊！相信大多数孩子的交际环境都要比王维好很多，因为他们不用总是搬家，不用总是要面临新环境，所以，张女士能够为儿子"寻找"朋友，扩大孩子的交际圈，我们当然也可以。

二、不要"伤害"孩子的朋友

这里，我要告诉大家另外一个家庭孩子的交际能力培养情况。我在兰州走访时，一位母亲向我诉说了关于他儿子是如何如何不听话的事情。

这位母亲告诉我，儿子在上一年级那会儿，每天下午放学孩子都要带四五个小伙伴来家里玩，还一本正经地说是自已刚认识的朋友。他带来的小朋友中有的安静有礼貌，有的孩子调皮总不消停，而且每次带回来之后，儿子总是会把我们给他新买的玩具拿出来给他们玩，把自己好吃的东西统统拿出来给他们吃，真不知道儿子爱教朋友还是傻！

我微笑着对这位母亲说，当然是爱交朋友了，这说明你儿子是一个善于交际的孩子。听你这么说，他在交际方面真的很优秀，你应该感到高兴才对。

这位母亲听了我的话后说，你可别说优秀！你不知道，每次在家里折腾完之后，屋子一片狼藉，玩具扔得到处都是，桌子上摆着一堆没吃完的东西，地板上随处可见他们画画时的纸屑，我要花30分钟的时间来收拾屋子。久而久之，实在是受不了了，为了不让孩子们玩耍的时候把屋子弄得太乱，我就在屋子看着他们玩。听到他们大吵大闹时，我就开始制止；如果遇到一些淘气的孩子，说了也不听的时候，我就批评他们；或者让儿子带着他们去楼下玩。后来，儿子就很少带小朋友来家里玩了。谁知有一天，儿子回来对我发火说，小朋友都不和他玩了，还怨我伤害了他的朋友。你说这哪儿是哪儿啊，我怎么伤害了儿子的朋友呢，哎！现在的孩子真是不好管啊！

事实上，从孩子的角度出发，确实是这位母亲“伤害”了他儿子的朋友。在孩子的世界里，他们有自己的交际喜好及标准，而这位母亲却用大人的交际标准来要求孩子，比如品评儿子的朋友要怎么样怎么样，不听话时就让儿子带着他们去楼下玩。这必然会让儿子的朋友们觉得他的妈妈不喜欢他们，因此，小朋友们就会慢慢地疏远这个孩子，给孩子造成交际的困难。

对于以上这种情况，孩子和朋友们在家里把屋子弄得很乱，很多家长都会烦心。这时，我们可以用温柔的方式与孩子和他的朋友沟通，用引导的方式让孩子意识到该如何玩，千万不可批评、训斥孩子以及他的朋友。否则，会给孩子的交际带来不好的影响。

而之前的张女士在这方面就做得很好。她告诉我，除了帮王维结交朋友外，她还特意让儿子把朋友请到家里来玩。孩子喜欢画画，她就专门腾出了一个房间，买一些画纸，摆放好几个凳子和桌子，专门供王维和他的朋友一起来玩。这样，王维和他爸爸一样，不管在什么地方都会有很多的朋友。别看他年纪小，现在都有不少的忘年交了。张女士在说这些话的时候脸上露出一种为儿子感到骄傲的表情。看得出，虽然她和丈夫经历了很多风雨，但是她因为有这么一个儿子而感到格外的幸福。

三、帮孩子修复关系

对于独生子女来说，当下很多都是在家中娇生惯养，没有吃过多少苦，受到的约束也较少，所以任性成为了他们的一大特点。因此，他们不会很好地与同伴交往，缺乏群体观念，总会与其他小朋友出现各种各样的矛盾。关于如何培养孩子解决矛盾的能力，我将在本章第八节中作详细的解读。在这里我要说的是，如何帮助孩子修复他们无能为力的关系。

张女士说："其实在王维与其他小朋友交往的过程中也总会遇到一些困难和挫折。比如有一次我们刚到北京落脚，王维交到了一个新朋友，就住在我们隔壁。和以前一样，那天王维邀请这位小朋友来家里玩，王维拿出我们刚给他买的变形金刚与小朋友一起玩。就在玩的过程中，小朋友不小心将玩具摔坏了，王维见自己心爱的玩具被小朋友摔坏，大发雷霆，开始怪怨小朋友。当时我并没有出面，想看看王维会怎么处理这种情况。但很遗憾，最后小朋友不高兴地离开了我们家，王维并没有做任何补救修复关系的措施。"

“事后，我告诉王维他自己错在哪里，不应该和小朋友吵架，让他去和那位小朋友和好。王维也明白了其中的道理，可下午放学回到家后他对我说，他已经和那位小朋友说对不起了，可他还是不和自己说话。当时我想，这孩子还挺倔强。吃晚饭后，我带着王维去那位小朋友家串门，向他的父母说明了两个孩子之间的矛盾。随后，在我和小朋友父母的共同努力下，王维又和他密切地交往起来了。”

对于孩子之间的有些矛盾，他们可能自己会解决。但当你发现他们无力解决的时候，老师或者父母就需要主动做和事佬，修复孩子之间的关系，这也更有助于改善孩子之间的人际关系。

先和孩子成为“朋友”

父母是孩子的第一任老师，父母的行为习惯往往会影响孩子的一生。所以，要想让孩子掌握交朋友的能力，父母需要先学会和孩子做朋友，用自己的行动来告诉孩子如何选择有益的朋友以及如何与朋友相处，保持长久的友谊。

一、小雨的“恨”

我发现班里的小雨性格特别孤僻，在课堂上对老师的提问从不主动回答，在课间也总是一个人躲在角落里，很少和同学们一起开心地玩耍。我试着和他谈过一次，鼓励他多去和他人交往。但是小雨似乎有着很强的防备心理，当时一直默不作声地听我讲，偶尔配合地点点头。事后依然是把自己封闭起来，甚至见到我也总是有意地躲开。

我想和小雨的父母好好地谈一谈，但他的爸爸妈妈似乎一直都很忙，打了好几次电话，才终于约定了见面时间。

我见到小雨妈妈林女士的时候，她正在拖地，卫生间里的洗衣机也在嗡嗡地响着，小雨则在屋里对着电脑看动画片。

小雨的妈妈把我让到客厅坐下，一边继续手头的活儿一边抱歉地说：“刘老师，真是不好意思，让你打了好几次电话，又亲自跑来。我这也实在是没有时间，你看看到现在地还没拖！让您见笑了！”

通过聊天得知，小雨的爸爸经常到外地出差，妈妈照顾小雨的同时还要上班，怪不得总是那么忙。我理解一个妈妈单独照顾孩子的无奈和艰难，同时也对小雨孤僻性格的形成有了初步的认识。

我把小雨的情况对林女士说了一下，林女士无奈地说：“刘老师，不是我不让他去和别的小朋友玩，他要出去了我还能好好地收拾一下家里，把手头没做完的事情做完。他要在家，把我闹腾得没有办法，什么事都做不成。我让他去他不去，我有什么办法？要么就非得拉着我一起出去，我天天忙得要死，哪里有时间陪他出去玩？”

说着话，林女士已经把外面的地板拖好了，她站起身，一边捶着腰一边舒了口气。看得出来她确实挺累了。

林女士去放拖布，经过卧室的时候往里面看了一眼，忽然冲里面的小雨怒道：“你看看你，我刚拖好的地，你又把它弄成什么样子了！你让我喘口气行不行？”

我忙起身去看，只见地板上撒了很多剪得很碎的纸片。小雨面前的电脑桌上有几个装着小零食的食品袋，葡萄干和小饼干掉了很多在桌上和地上。桌子上还有倾倒的饮料瓶子和同样被剪碎的纸片，显得一片狼藉。

妈妈的责骂激起了小雨心中的委屈，他哭着冲妈妈喊：“谁叫你不带我出去玩！我同学都去动物园玩了，就我没去，我讨厌你！”

林女士也觉得有些对不起孩子，停下了要打他的动作说：“要不是你从早上就开始跟我闹，我能到现在还没做完家务吗？像你这样故意给我找事儿，我什么时候能做完？什么时候能有时间带你去动物园？”

小雨显然并不相信妈妈的话：“你做完了也不带我去，你总骗人！”

林女士说：“屋里那么多玩具你不玩，为什么非要去动物园？动物园有什么好玩的？那些东西你在电视上不都能看到吗？”从林女士的话中可以看出小雨的怀疑是有根据的，妈妈以前一定也曾经以种种借口拒绝他的请求或不兑现对他的承诺。

小雨哭着说：“我不玩玩具，我就要去动物园，就要去动物园！”我看到了屋里确实有很多玩具，散乱地堆得到处都是。林女士为了哄孩子，就给他买了很多玩具让他自己玩，但却忽略了小雨真正需要的是什么。

林女士对孩子的“不讲理”很头疼：“你怎么就不知道体谅我一下？我忙完工作忙家里，还要照顾你，我有多累你知不知道？我这么辛苦还不是为了你？”

小雨哭道：“你们就知道工作，就知道挣钱，从来都不管我！还说是为了我！我恨你们！”一边说一边使劲儿地把桌子上的东西都打到了地上。

小雨的控诉令我和林女士很震惊，原来这孩子的心里竟然有这么深的怨念。林女士更是觉得不可理解和痛心。她为孩子付出了那么多，换来的竟然是孩子的“恨”！

我尽力安抚小雨的情绪，然后问他：“如果妈妈陪你去动物园，以后也花很多的时间陪你玩耍，和你谈心，像朋友一样，你还会恨妈妈吗？还会总是给妈妈制造‘麻烦’吗？”

小雨忍着眼泪，认真地想了想，然后说：“不会！”

那天下午，我和林女士陪小雨在动物园里玩到很晚，小雨玩得很开心，而我也和林女士谈了很多。分别的时候，林女士说：“刘老师，谢谢你！如果不是你，我也许真就把这孩子给害了。”

第二天，我在班上再次见到小雨时，他正手舞足蹈地和同学讲去动物园玩的情景，身边围了好几个同学。看来，小雨之前并不是不想和小朋友交往，而是找不到交流的话题，并因此而产生了自卑感和对同学的排斥。看到他的改变，我由衷地为他感到开心。有了妈妈的关爱，相信他的朋友一定会越来越多的。

二、怎样和孩子成为“朋友”

知识是通过日积月累的学习和人生阅历积攒起来，重要的人际关系也多是成年以后获得的，唯有与人交往的能力，也就是交朋友的能力是可以从小培养的，也是需要从小培养的。

要培养孩子交朋友的能力，父母们就要从自身做起，试着去做孩子的第一个朋友，通过与孩子“朋友式”的相处，让孩子获得交朋友的方法和与朋友的相处之道。

那么，怎么和孩子成为“朋友”呢？

第一，站在孩子的角度思考问题。要想和孩子成为“朋友”，就要学会站在孩子的角度，用孩子的思维去思考问题。在上面的案例中，小雨希望和妈妈一起出去找小朋友玩。孩子的这种做法其实是自我保护意识的一种体现。因为在孩子心里，爸爸妈妈是最亲近的人，是可以相信的人，有爸爸妈妈陪同会让孩子有安全感。

林女士并没有理解孩子的这种心理，觉得孩子已经到了可以自己出去找朋友玩的年龄了，根本不需要大人的陪同；却没有想过，因为小雨的爸爸不在家，妈妈又没有时间，使小雨从小就缺少与人交往的机会，对外界始终有着一种陌生和恐惧的感觉。这不是能力上的问题，而是心理上的障碍。

再比如，小雨把纸剪碎丢在地上给妈妈制造麻烦，其实是因为导致妈妈不带他出去的“元凶”是“家务”，所以，小雨对家务也有着深深的反感，同时也是为了得到妈妈更多的关注，才故意制造出这样脏乱的场面。

我把孩子的这种心理告诉林女士，林女士叹口气，说自己确实是忽略了这些东西，是自己没有做好，怪不得孩子。

第二，做一个倾听者。你有多久没有和孩子谈心了？你了解孩子在想什么吗？知道他想和你分享什么吗？知道他需要你做些什么吗？孩子其实是很愿意和爸爸妈妈分享他们内心的感受的，例如他和小朋友今天玩得很开心，他得到了老师的表扬，他认识了一位新朋友……但是父母往往觉得这些都是小孩子的事，对此毫不在意，甚至会表现出不耐烦。渐渐地，孩子就不再“烦”你了，但是你也无法走进他的内心世界，更不会成为他的朋友了。

第三，温柔地对待。记得在孩子还小的时候，有一次，听他说：“我喜欢我们班的××，他是我的好朋友。”我一时兴起，便问他：“那妈妈是不是你的好朋友？”他想都没想就回答“不是”。我忍不住问他为什么，他说：“因为她总打我。”孩子的回答令我很惊讶，也很受触动。

因为年纪小，孩子对朋友的概念还很模糊，但他已经懂得，朋友不应该由一个人以压制的方式对待另一个人。爱打人的妈妈不能成为孩子的好朋友，只有和孩子温柔地相处，才能获得孩子的“友谊”。

第四，多抽出点时间陪陪孩子。和孩子关系最亲近的就是父母，但是，很多家长都要工作，下班回家后还要做家务，能够陪孩子的时间少得可怜。缺少父母陪伴的孩子往往性格上会比较偏执，不会与人相处。

例如，有的孩子很内向，不喜欢说话，这样的孩子很难敞开心扉，自然也很难交到朋友；而有的孩子则很暴力，因为爸爸妈妈忙得没有时间管孩子，被孩子闹得没有耐心的时候往往会打骂孩子，孩子受父母的影响，性格上也带上了暴力的因子，这样的性格在与人相处时显然也是不利于友谊的发展和维持的。

第五，尊重孩子的兴趣和爱好。父母不应该为了把孩子培养成“全能人才”，而强迫孩子去接受他们不喜欢的东西，更不应该去扼杀孩子的兴趣和爱好。比如，孩子喜欢画画，而妈妈却觉得弹钢琴更有艺术气质，强迫孩子放弃画画而去学钢琴。尊重孩子，才能让孩子学会去尊重他人。

第六，对孩子要宽容一些。很多家长都对孩子寄予厚望，希望孩子将来能够成龙成凤，出人头地。父母的心我们能够理解，但却不能因此而苛刻地对待孩子，更不能因为孩子没有达到自己的要求而去打骂孩子。例如，有的家长经常骂孩子笨、没有用等等。需知凡事都有个过程，何况孩子只要健康快乐地成长，其他的真的并不太重要。

孩子的要求其实并不高，做他们的“朋友”也并不难，只要父母愿意多花一点时间去倾听孩子的心声，设身处地地去理解孩子的行为，尊重他们、关爱他们，就一定会成为孩子最好的“朋友”。

培养内向孩子的交往能力

著名英国心理学家艾森克，在他的人格调查问卷中有这样一个结论，内向的孩子往往喜欢安静，善于在内心中体验，不喜欢与人沟通接触。也就是说，这类孩子在人际交往中本身就存在障碍，他从内心深处恐惧与他人的沟通接触。

很多时候，很多老师及父母都会对这类内向的孩子说："走，过去和同学一起玩，有什么可害怕的呢!"觉得会消除孩子心中的恐惧，其实不然，通常让一个人从内心深处感到恐惧的东西并不会因为语言而消除。相反，大人的这种说法只会让孩子觉得更加没有自信，他会认为，对于别人无所谓的事情对于自己却如此困难，这种想法会让孩子更加自闭，更加不愿意主动交往。因此，面对内向的孩子，如果我们强迫他去交往，只会让他更加焦虑，并不能提升孩子的交际能力，顺势培养才是最好的选择。

一、性格内向的王磊

父母带王磊来学校报到的时候，王磊的妈妈特意嘱咐我说："这孩子听话，性格内向，也比较胆小，不太爱与陌生人说话。您费心多照顾点，不要让其他孩子欺负他。"

真是可怜天下父母心啊，每一位家长都希望能够让老师多多照顾自己的孩子。作为老师来说，其实他想让每一位孩子健健康康地成长，快快乐乐地学习。我看见王磊的时候，他穿着一套运动服，但是他的言行举止却和这套运动装非常不搭配，低着头，两只手放在肚脐前面不知道玩弄着什么。如王磊的妈妈所说，他确实是一个内向的孩子。

这一点，我在上课的过程中也感受到了。在课堂上，当我提问的时候，虽然每次举手回答问题的人不是很多，但是几天下来大多数人都举手过，唯独王磊从来不举手，每次都是低着头看着书本，对于我问的问题不知道他是会还是不会。

阳春三月，天气格外晴朗，阳光明媚。每年这个时候，学校都会安排每个班的孩子们去郊外春游一次，那一年也不例外。同时我想，和老师同学一起去外边玩，同学们肯定都会很兴奋。是不是可以找到机会引导内向的王磊，让他与其他同学进行良好的沟通呢？

我带着孩子们来到郊外的草地上，这里空气新鲜，环境优美，别说是孩子们兴奋，也让我感到特别心旷神怡。同学们席地而坐，三三两两地便凑在一起玩了起来：有的在一起玩过家家，有的在玩老鹰抓小鸡，有的孩子在一起入迷地下棋。看到孩子们这样尽情地享受大自然的美好，释放童年的快乐，我觉得这就是一幅美妙的风景画。

然而，当看到王磊的时候，我马上意识到我还有任务在身。只见王磊一个人坐在一个树荫下，呆呆地看着其他孩子，没有自己的同伴，也没有自己的游戏。我起身，走到王磊的身边说：“你平时喜欢玩什么游戏啊？”

王磊笑了笑，没有回答我，原先看同学玩游戏的头反而低下了。我明白，这其实是内向性格的人对他人的一种排斥。我态度温和，依然微笑着说：“你看我们班这么多小朋友，你喜欢和谁一起玩呢?”

这时王磊抬起头看了看游戏中的同学，但还是腼腆地说：“不知道!”

我想这不行啊，我问一句，他说一句，什么时候是个头啊!

于是，我回到放物品的地方，拿出早已准备好的足球（之前听王磊的母亲说，王磊特别喜欢看足球赛，足球是我这次引导的道具)，再次走到王磊身边，蹲下身子说：“王磊，老师想玩足球，你能陪我一起玩吗?”

也许是由于我的盛情邀请吧，王磊点了点头，并站了起来，跟着我来到一片空地上。我踢给他，然后他再踢给我。就这样，我们玩了大概有三四分钟。这时，一个同学看见我和王磊在玩足球，大声地对远处的同学说：“快来看呀，刘老师和王磊在踢足球!”

听到有同学这样喊之后，我马上顺势对王磊说：“你看同学们也喜欢踢足球，你去邀请他们和我们一起玩好吗?”

王磊点头答应了，走到往我这边赶的同学们跟前说：“我们一起玩吧!”尽管声音很小，但是很多同学都高兴地赶过来了。随后我给同学们进行了分组，我和王磊是一组的。在玩的过程中，我说：“你看同学们多么喜欢玩我们的游戏，以后你也可以主动要求参加他们的游戏，他们都很喜欢你。”这时，王磊朝我笑了笑，一会儿后，王磊大声向一位同学说道：“向老师传球……”

王磊终于主动和同学说话了，那天和同学们踢完球回去之后腿疼了好几天，但我觉得这一切非常值得，也非常的骄傲，因为我看见王磊迈出了人际交往的第一步，他在渐渐打破以往的内向。在之后的学校生活中，王磊虽然没有像其他同学那样的活泼，但是他开始慢慢地有了好朋友，能够与同学们一起玩游戏了。

当然，王磊能够通过那次春游而有所改变是我没有想到的，我事先准备足球的意思只是想和这个内向的男孩一起玩，避免他产生孤独感，谁知误打误撞一连串发生的很多事情成就了引导王磊走向交际的钥匙。通过这件事情，我明白了，对于内向的孩子，如果仅仅用直白的方式告诉孩子该怎么做、如何和他人交流等是没有多大效果的，相反还会让孩子感到反感。最好的方法就是顺势引导，如同我和王磊之间，让王磊在愉快、不知不觉中与他人进行主动交流。

二、顺势引导要点

内向的性格再加上叛逆的心，这对任何一个父母及老师来说，要培养这类孩子的交际能力都是非常不容易的。因为性格内向，不善于交际便成为了他们的天性；因为有一颗叛逆的心，性格往往会比较倔强，所以，顺势便是培养这类孩子的最好方式。但要达到最好的效果，我们需要注意以下几个方面：

第一，提供必要的环境。老师及父母首先要提供一个良好的交际环境，让内向的孩子有更多机会投入到与他人的交际当中。如同我带着孩子们去春游，为王磊创造了交际的环境。在家中，父母可以经常和孩子一起做游戏，邀请孩子的好友到家里玩，老师可以在学校举办一些必要的交际活动等。

第二，请与孩子“平辈”。就是说老师、父母需要放下自己的“身段”，平等地与孩子交流，不要觉得自己是老师、父母就可以高高在上，对孩子呼三喝四。这样只会让孩子和老师、父母之间产生距离感，尤其是对于内向的孩子，他们更会将自己的内心紧紧锁起来。与内向的孩子平等交流，一方面可以让孩子感受到民主、平等的关系；另一方面，可以让孩子感受到一种安全的交际气氛。如在那次郊游中，我拿出足球后和其他孩子一样，平等地与王磊踢足球，这个时候他感受到了我是能够和他一起玩的同伴，上锁的心也就慢慢打开了。有了这一次的打开，以后就会有更多次的打开，更多次的与他人交流。

第三，必不可少的引导。内向孩子的交际技能、技巧远远要比外向孩子的交际技能、技巧弱，所以，我们老师及父母需要适时地引导孩子怎么去交际、沟通。比如我在和王磊踢足球的时候，看到同学们都有想参加的欲望，这时我引导王磊主动去邀请他们参加。王磊以后就会明白，当有人对你玩的游戏感兴趣的时候，可以主动地去邀请他们参加。

以上三条可根据孩子的具体情况适时运用，保证让内向孩子的每一次交往都成为他成长的经验。

教孩子学会真诚地道歉

做错了事，伤害了对方，就应该向对方真诚道歉，请求对方的原谅，这是人际交往的基本准则之一。可是对于一些较为叛逆的孩子，有些事情他们并不能意识到自己的错误或者问题的严重性，即使有的孩子意识到自己错了，在承认错误、向对方道歉的时候也是一副无所谓的样子。

一、让孩子在犯错中成熟

那一年我带的是一年级一班，在二班有一个男孩子叫龙龙，被同学们称为“小霸王”，原因是他经常欺负其他同学，不是动手抢其他小朋友的玩具，就是动手把其他小朋友推倒在地。而且这样做了之后，还不会向其他小朋友道歉，龙龙的班主任也是没有任何办法，只能一次次地请龙龙的妈妈到学校沟通，共同商量如何让龙龙不再调皮，和其他同学和睦相处。

可是，二班的班主任与龙龙妈妈做了很多工作，龙龙并没有多大的改变。我虽然和龙龙没有太多的接触沟通，但当时也是为我的同事及龙龙的成长发愁。因为，龙龙在学校的“名气”大了，校长知道了此事。那天开会的时候校长说：“一年级二班的龙龙这个孩子，虽然很调皮，但本性还是一个非常好的孩子。这么长时间了，也没有改变孩子的缺点，这是我们工作的失职啊！我看这样，他不是经常欺负本班的孩子嘛，不如给他换个环境，让到一班学习几天，看看能不能改变孩子的坏习惯。”

就这样，龙龙被校长一句话分到了我们班，当时我真是倍感压力，深怕龙龙在我的班上惹是生非。不过话说回来，看到龙龙单纯的笑容，我还是非常喜欢他的。

可能是环境改变的原因吧，一个多星期过去了，龙龙在班里的表现还算不错。有一天，我带着孩子们上角色扮演的课程。设置这个课程，是为了提高孩子的交际沟通能力。就在孩子们玩得开心的时候，有个小朋友跑过来对我说：“老师，老师！龙龙他推我！”

我马上过去问清了原因，原来龙龙和其他小朋友在角色分配上出现了矛盾。为了不让孩子们在选择角色时出现矛盾，所以，我早就安排他们在角色选择上采用抽签的方式，谁抽到哪个角色就扮演那个角色。在龙龙这一组中，其中一位小朋友抽到了英雄的角色，而龙龙不同意，自己要扮演英雄的角色，为此，他们发生了争执，最后龙龙将那位小朋友推倒在地。而龙龙像是什么事情都没发生一样，不但没有道歉，而且还在摆弄手中的玩具。

通常，一个孩子做错事而不道歉有两种情况：一是自己没有意识到错误，不懂得是非观念，不知道什么是对的，什么是错误的；一是孩子担心承担后果，所以没有勇气承认错误道歉。对于龙龙这种情况，肯定属于前者，他没有认识到自己的错误。这时，老师或者家长需要告诉孩子为什么错了，错在哪里。让孩子意识到自己的错误后，他才有可能道歉。

于是我微笑着走到龙龙面前说：“老师问你一个问题好不好？”

“好啊！”龙龙用稚嫩的声音说。

我依然微笑着说：“刚才做游戏时，你为什么推小朋友啊？”

龙龙说："因为我要扮演英雄，他不让扮演。"

我笑着说："那是因为你没有抽到英雄的牌子，而他抽到了英雄的牌子。"

龙龙："哦！那我什么时候可以抽到英雄的牌子呀？"

我说："只要你能和其他小朋友好好地玩，就一定能够抽到英雄的牌子。但是，如果你没有抽到英雄的牌子，推小朋友就是不对的。这样小朋友就会不喜欢你，知道了吧？"

龙龙似乎意识到自己错了，没有说话，只是使劲地点了点头。

在孩子还没有意识到错误时，先让孩子明白为什么错了，错在什么地方，这是让孩子懂得真诚道歉的基础。

在龙龙似乎认识到自己的错误后，我觉得还是不够，一方面，因为和龙龙一起游戏的小朋友被龙龙推倒了，没有得到龙龙的道歉，肯定会给他心理造成一定的错觉，可能认为推倒别人可以不用道歉，可能认为谁凶谁就可以做自己想做的事情等。另一方面，对龙龙的成长也是不利的，因为龙龙错了之后，在我的引导下，只是明白了自己为什么错了，错在哪里，而不懂得用什么方式弥补错误，这就是一种教育的不完整，所以，接下来我需要想办法让龙龙向小朋友道歉。

于是，我接着对龙龙说："龙龙真是一个聪明的好孩子，能够知道自己错在哪里。那龙龙想不想成为一名英雄呢？"

龙龙听到英雄这个词，顿时来了精神，大声地说："老师，我想。"

我接着说："其实你已经是一名英雄了，因为你知道自己推倒其他小朋友是不对的。不过，你要想成为一个更加强大的英雄，就要在自己做错事后勇敢地承担责任，然后向对方道歉，这样才会成为一个大家喜欢的孩子。"

龙龙想了想说："哦，我知道了，我应该向他说对不起！某某，对不起！”

听到龙龙这样说，我感到非常欣慰，马上不失时机地对同学们说：“同学们，龙龙推倒了小朋友，但是他道歉了，所以他是一个优秀的孩子，也是一名真正的英雄，我们为龙龙鼓掌。”顿时，教室响起了雷鸣般的掌声。龙龙在听到掌声后显得非常高兴，脸上露出了开心的笑容。

在龙龙脸上露出开心笑容的那一刻，我就相信，龙龙在道歉中得到了大家的认可与赞扬，他以后在知道自己做错事后一定会懂得道歉。

父母是孩子最好的老师，孩子的很多行为都会模仿父母以及老师。当父母或者老师错怪了孩子之后，也应该向孩子真诚道歉。这样才会让孩子明白，每个人都有犯错的时候，还会感染孩子懂得在做错事后就应该向他人道歉。可现在受传统观念的影响，很多父母及老师即使错怪了孩子也不会向孩子道歉，觉得这样会失去做父母、老师的威严，研究证明，这是一种错误的观念。

二、让道歉卓有成效

在龙龙转到我这个班之前，他之前的班主任向我讲述了这样一件事情：那一次班主任去家访，龙龙的爸爸说，春节的时候他带着龙龙去走亲戚，因为春节好多亲朋好友都聚在了一起，孩子也比较多。龙龙就和一帮亲朋家的孩子玩。

不一会儿，一个女孩子哭着跑进屋子对她爸爸说：“爸爸，龙龙哥哥他打我。”那孩子爸爸微笑着说：“没事！没事！龙龙哥哥跟你闹着玩呢。”龙龙爸爸一听龙龙又闯祸了，严肃地把龙龙叫到身边说：“是不是你欺负妹妹了，赶紧向妹妹道歉！”女孩的爸爸忙说："算了！算了！孩子之间闹着玩呢，道啥歉呀！"

龙龙爸爸坚持说："做错了事就应该道歉，赶紧向妹妹道歉，不然爸爸以后不理你了。"龙龙显得很不情愿，也许他那时候并没有意识到自己错了，但是在爸爸的威逼下，拉着很长的声音说："我错了，哼！"看到龙龙这个样子，龙龙爸爸觉得又可笑又可气。

那么，龙龙这样的道歉有用吗？对于龙龙来说，他道歉是心不甘情不愿的，其实在心里，他根本不想道歉，所以这种道歉对龙龙来说是没有意义的。而小女孩呢，与其说她接受到了道歉，不如说她再次受到了龙龙的挑衅，因为龙龙道歉的口气是不真诚甚至轻蔑的，她并没有因为龙龙的道歉在心理上得到安慰，因此，这种道歉对于小女孩来说也是没有意义的。龙龙的道歉也就成为了一次无意义的道歉。

此外，我经常看到有些孩子在得到别人的道歉后还是闷闷不乐，究其原因，就是道歉没有成效，也就是说孩子把道歉只是当作了一种形式，不够真诚，缺乏道歉的技巧和态度。针对这种情况，我在教育孩子如何道歉的过程中通常会采用以下一些方式：

第一，在向对方说完"对不起"之后，主动去抱抱对方小朋友（当然这种方式仅限于同性之间）。一方面，这样可体现道歉者的真诚；另一方面，接受者在心理上也会得到极大的安慰。

第二，在说完"对不起"后，追问一句"你能原谅我吗"。一句简单的追问，同样可以增加道歉的分量和质量。

第三，在说完"对不起"后，追加一句"我以后再也不……"，这样会让对方更加相信道歉者的真诚，他也不会因为对方曾经欺负过自己而常怀戒备之心。

让孩子懂得和学会真诚道歉，以及体现真诚的方式，用美的语言、行为传达自己心中的内疚，这样的道歉更有效，更能消除对方的悲伤。

三、我们需注意的禁忌

禁忌1：粗暴应对

有些老师及家长在孩子犯错之后总是会用粗暴的方式威逼孩子认错道歉，如同龙龙的爸爸对待龙龙推倒妹妹这件事一样，这种做法是不可取的。因为这样做一方面会伤害孩子的自尊心；另一方面，孩子不能够深刻认识到自己的错误。

在我小的时候，有一个邻居家的男孩子和我同龄。那个男孩特别调皮，从小不是和别的孩子打架就是随便拿人家东西。男孩的父亲也是一个暴脾气，每次儿子犯错之后都会用粗暴的语言批评他，甚至会把男孩暴打一顿。那时候我在家经常听到这位父亲冲动地教育男孩。男孩和我是一个班的，即使父亲这样严厉地教育他，男孩的学习依然很差，在学校依然惹是生非，甚至越来越严重，最终，小学没毕业便辍学了。

这个活生生的身边案例，很早就让我明白，当孩子犯错之后，不可一味地指责与批评，更不可用粗暴的态度威逼孩子道歉认错，这样只会加重孩子的叛逆心理。正确的做法是，让孩子明白自己错在哪里，然后引导孩子去正确地认错道歉。

禁忌2：替孩子道歉

这是当下很多父母都会去做的事情，孩子犯错了，自己去赔礼道歉。他们认为，孩子还小，犯错在所难免，也意识不到自己的错误，替孩子向他人道歉是应该的。

其实，我也经常替小朋友向其他小朋友道歉，但只在小朋友得到对方真诚道歉后依旧哭闹不已时我才会去做。比如：我会说“是老师管理得不好，让你受欺负了”等。但是，我们不能够在孩子没有认识到自己错误及道歉的情况下就替孩子道歉，这是对孩子交际能力的一种扼杀。如果孩子没有意识到自己的错误，不知道什么是对什么是错，我们首先应该做的是引导孩子认识错误，主动道歉，而非因爱子心切就一刀切式地替孩子道歉。

让孩子懂得解决冲突

孩子在叛逆期，特别容易与其他小朋友发生冲突，比如因为游戏时不合拍，因为言语上的顶撞，因为某些意见不统一等。轻者，孩子之间好久会彼此不说话，进行冷战；重者，便会恶语相加，大打出手，孩子之间的关系闹僵了，有时候还会连带父母之间的关系。说实话，对于这类孩子，我刚参加工作时，也时常感到很无奈，因为他们不但和其他同学的关系处理不好，而且还会影响到其他孩子的学习、生活。通过多年的学习和对一些案例的研究，我在培养孩子解决冲突方面也积累了一些心得，愿与老师、父母共同分享。

一、必要的“冷眼静观”

学不会解决矛盾冲突，就学不会交际。因为人与人之间的交际中，总会有矛盾出现，如果不懂得解决，交际圈永远不会壮大，甚至会越变越窄，这必然会影响个人的发展。在针对孩子解决矛盾冲突这一课题中，我走访过很多家庭父母，让我感到遗憾的是，当我问到孩子在学校与他人闹矛盾时该怎么办时，有30%的家长告诉我他会带着孩子找老师解决，或者让孩子去找老师解决；30%的家长说会带着孩子找对方家长解决；30%的家长说自己会告诉孩子，如果对方先打他，就让孩子还手；仅有10%的家长说会让孩子自己解决或者引导孩子解决。显然，不同的家长对这个问题有不同的看法。

与此同时，我也与各地不同的老师对这个问题进行了沟通，大多数老师都认为应该通过引导让孩子自己去解决与他人之间的矛盾，但具体如何操作却千变万化，没有形成一个科学、统一的方法。在走访家长的过程中，我遇到了一位张女士，她给我讲述了儿子与其他小朋友发生的一次矛盾及解决过程。

张女士儿子那一年10岁，每天下午放学后都会和小区的几个同龄孩子在小区广场上玩一会儿，而这个广场就在张女士家的楼下。那是一个夏天的下午，张女士正在准备晚饭，突然听到儿子和几个孩子的声音很大，仔细一听，原来是儿子和其他小朋友在吵架，而且声音越来越大。因为担心儿子受到委屈，所以她急忙跑到了楼下。儿子一看妈妈下来了，委屈的眼泪瞬间掉了下来。

张女士看见委屈的儿子，顿时感到非常气愤，很想当场斥骂这几个孩子，但最后她还是控制住了自己的情绪，问清了事情的来龙去脉。原来，儿子和其他几个小朋友在玩弹珠，因为对方违反了规则，儿子的弹珠被对方赢走了。儿子不同意，要重新开始；对方不愿意，所以两人就吵了起来。更糟糕的是，其他几个小朋友都向着对方孩子说话，这才让张女士的儿子感到非常委屈。

张女士当时想指责欺负自己儿子的孩子，可转念一想，如果自己参与到孩子吵架的事件当中，会造成不好的影响，于是她对儿子说："咱回家不玩了，明天我给你买一包弹珠，那个咱不要了。"

可儿子不同意，非要把那个弹珠要回来。张女士说："一颗破弹珠有啥好玩的，回家妈妈给你做好吃的。"任凭张女士如何说，儿子就是不同意回家，非要向小朋友要回弹珠。

无奈，张女士只好对拿着儿子弹珠的小朋友说：“小朋友好，你把这个弹珠给阿姨好不好，我知道你一定是一个好孩子。”但是，这个孩子依然不同意归还儿子的弹珠。

面对这样的结果，张女士很是生气，没想到自己连几个孩子都搞不定，生气地对儿子说：“你回家不回家？不回你一个人在这儿，我可回了。”

儿子把头一拧说道：“不！”

“好吧，那我回家了，但是你不许流眼泪，男子汉是不允许流眼泪的。”张女士果断地说。

就这样，张女士揣着不安的心上楼了，之所以不安，是因为她担心儿子被其他小朋友打了。上楼之后，她一直从自家的窗户向外看着儿子的动向，生怕彼此动手。她看到儿子走到那个孩子面前，不知道说了什么；对方也说了些什么，一会儿后，将弹珠还给了儿子，并又重新开始玩起了赢弹珠的游戏。

通过这件事情，张女士告诉我，孩子们在发生冲突的时候，家长最好不要参与到其中。有些矛盾，孩子完全可以用自己的方式与对方沟通解决。张女士的观点没有错，孩子们争吵的过程其实是了解自己和对方的过程，有些矛盾通过孩子之间的沟通是可以解决的；而在父母老师的参与下，可能会让矛盾变得越来越复杂。此外，孩子自己解决矛盾的过程也是一个学习如何沟通、如何宽容、如何忍让、如何面对胜利和失败的过程。这能让孩子慢慢成长，所以，我们最好不要参与。

当然，并不是所有的矛盾我们都可以不管不问，让孩子一个人去解决。有些矛盾，我们还需要认真观察孩子的反应，如果孩子确实无法解决，就需要引导孩子去解决。因此，作为老师和父母，对于孩子之间的矛盾首先需要做到“冷眼静观”。这里，有以下几点需要我们注意：

第一，“冷眼”就是把处理矛盾的主动权留给孩子，让孩子自己想办法处理与朋友之间的矛盾，父母、老师首先不要参与。

第二，“静观”就是要仔细观察孩子的动态，因为孩子的阅历浅，处理矛盾的技巧、方法有一定的局限性，在孩子自己解决的过程中有时候会发生打斗的行为。这时，父母、老师要及时制止，避免造成不必要的伤害。有时候孩子用了很多方法，但是矛盾依然得不到解决，这时父母、老师要积极地去引导孩子正确解决矛盾。

二、引导解决冲突的步骤

孩子与同伴之间出现矛盾之后，往往不知道如何下手。因为小孩子天性就是调皮，所以在我带的班里，几乎每天都有孩子彼此闹矛盾。我在“静观”一些孩子解决矛盾时，经常会发现有些孩子不知所措，显得很尴尬。这时，在引导的过程中首先要将孩子引向解决矛盾的步骤上去，这样以后再发生冲突的时候，就不会再迷茫、尴尬，会条理清晰地去解决。

第一步，引导孩子分析冲突的根源。一天周末，我回家看爸爸妈妈，大哥和表姐的孩子都在家中玩。不一会儿，两个孩子因为一个布娃娃而吵起来了，其中一个孩子已经开始哭闹。这时，表姐走过去之后把布娃娃拿到自己手中，说：“现在你们都没有布娃娃了，不许哭，也不许闹了，听见没有！”果然，两个孩子见对方都没有布娃娃，也不哭了。

表姐的这种做法是不合适的，她只是解决了眼前的问题，而没有解决问题的根源。以后遇到类似的事情，他们还会争吵。解决问题的关键应在于让孩子认识到引起冲突的根源在哪里，然后想办法解决。

对于这种情况，表姐可以对孩子说："你们俩自己说说，为什么要吵架?"让孩子听听彼此的看法，这样能够让孩子更加全面地认识到问题产生的原因，更容易找到解决问题的方法；也可以让孩子知道，以后遇到这类冲突时该如何解决。

第二步，引导孩子思考解决冲突的方法。那天我去公园玩，看见两个妈妈带着两个孩子在公园的草地上玩，两人席地而坐开心地聊着天。看得出，这两个妈妈的关系很好，不是同事便是同学。两个4岁左右的孩子在草地上跑来跑去踢足球。这时，一个孩子跑到妈妈的身边说："妈妈，明明他踢我!"这时妈妈生气地说："小祖宗，你能不能给我安心地玩，明明怎么会踢你呢!"说着便让孩子再去和明明玩。

这位母亲可能没想过，她让孩子去和明明玩，孩子还会去吗？在这种情况下，大人首先要问清楚产生矛盾的原因，然后引导孩子思考解决矛盾的方法，比如说："那你说怎么办你才能和明明好好地玩呢?""你有什么好的主意让某某开心吗?"等等。这样，当孩子找到产生矛盾的原因后，就会主动思考解决矛盾的方法。

第三步，放手让孩子自己面对冲突。孩子面对矛盾，如果父母、老师发现孩子已经找到了冲突的原因，并在积极寻找解决冲突的方法时，或者父母、老师已经引导孩子完成了前两个步骤时，就可以放手让孩子自己去处理了。很多时候，孩子在遇到矛盾的时候总喜欢找父母或者老师来解决，其主要原因是孩子害怕与其他小朋友在有冲突存在的条件下沟通。这时我们需要鼓励孩子去面对冲突、矛盾，积极地找对方协商解决。有了第一次，第二次遇到这样的矛盾，孩子就不会再有害怕、担心的心理。

转型
——步入社会前的交际引领

当下很多大学生，在学校学了很多知识，可是一到社会上之后还是有太多的不适应，感到手足无措。孩子的交际也是如此，如果仅仅是按部就班地培养孩子的交际能力，不结合当下的社会发展状态，也很难让孩子在进入社会后迅速适应。为此，所谓“转型”培养，就是将孩子心中的交际平稳地过渡到社会交际。

转型交际培养，从着装开始

英国形象设计师罗伯特·庞德说："这是一个两分钟的世界，你只有一分钟展示给人们你是谁，另一分钟让他们喜欢你。"俗话说："人靠衣装马靠鞍。"显然，一个人的着装对一个人的交际影响是很大的，它可以决定让对方在第一时间喜欢你还是不喜欢你。而一个好的着装来自一个好的着装意识，因此，从小培养孩子的着装意识有助于孩子与他人的交际。

一、人见人爱的豆豆

豆豆是一个8岁的男孩，他是我同事的学生，在班里当体育委员。每次他来办公室找同事说事的时候，我总是觉得他非常可爱，特别惹人爱，但到底是什么地方让我对他产生了如此大的好感，那时候我也很难说清楚。

有一天，豆豆来找同事说事，说完事走了之后我对同事说："这孩子器宇不凡，气质不错，以后一定能成大事。"

同事微笑着说："你不是一直研究孩子交际问题的嘛，啥时候成算命先生了？你怎么看出豆豆器宇不凡、气质不错的？"

我想了想，有点不好意思地说："这个我还真说不出来，总觉得他和其他孩子不一样，给我的感觉很亲切。你说他的长相嘛很普通，但就是给人的感觉不一样。这一个人的气质也是很深奥的啊！”

同事若有所思地说：“其实也没啥深奥的，他喜欢运动，体育课程很好，除了运动给他带来的良好气质外，还有最主要的一点，也是让你产生好感的原因，就是他的着装。”

“着装？”

“是啊，就是着装，他是我们班的，我最了解他了。每次有体育课的时候，他都是穿运动服来学校，平时他都是穿便装，而且很整齐。”同事说道。

真是一语点醒梦中人啊！我快速地回想豆豆平时的衣着，还真如同事说的那样。这一下引起了我极大的兴趣，因为我知道一个人的着装与个人交际有很大的关系，而对于孩子的着装我却忽视了。我很想明白：为什么其他孩子的着装和豆豆的着装会有如此大的区别？豆豆父母是如何培养孩子的着装意识的呢？带着这两个问题，我请同事帮忙引见豆豆的父母，最终，同事同意和我一起去豆豆家里家访。

那天周六，因为同事和豆豆的家长已经提前约好，我们直接到了豆豆家。在见到豆豆母亲后，她给我的感觉是我意料之中的，一个成熟女性的标准打扮，衣着很具有亲和力。随后豆豆的爸爸也从外边回到了家里，西装革履，说是拜访客户去了。之后他去卧室换上了休闲装，出来的时候微笑着说：“穿西装真是热啊！不过没办法，要去见客户，只能这样，真羡慕你们，怎么舒服怎么穿！”

豆豆妈妈严肃地说：“多大的人了穿衣服不知道一点讲究，去见客户穿着睡衣去可以吗？”豆豆爸爸幽默地说：“你说得对，在老师面前你就不要揭我的短啊！”

我和同事用微笑回应面前这两口子的幽默。经过我们与他父母的沟通后得知，豆豆妈妈是一位礼仪培训老师，豆豆爸爸开了一个小公司，为人比较“粗枝大叶”。随后，我说明了我的来意，豆豆妈妈听了之后也非常乐意配合，向我们讲述了她培养孩子的心得。

“豆豆是在冬天出生的，那时候天气很冷，所以，直到豆豆长到3个月的时候我才开始带他出门转悠。虽然每次出门的时间都很短，最多也就20分钟，可是每次出门的时候我都会把自己收拾一番，脱下家居衣服，换上宽松的运动装；给豆豆套上外出的衣服，戴上帽子，把手和脸都洗干净，涂上护手霜，对他说：‘豆豆真干净，我们出去晒太阳了！’”

我好奇地问道：“既然每次出去十几分钟，为什么还要这么麻烦呢?”

豆豆妈妈接着告诉我们：“尽管这一切都很繁琐，但是我要从小传达给豆豆一个理念，家居衣服和外出衣服的功能是不同的，它们适合于不同的场合。让豆豆从小对着装有一个正确的认识，因为我是礼仪老师嘛，所以我知道，一个人的着装对其的交际是很重要的，而且最好要从小开始培养。”

听了豆豆妈妈的着装理念及培养方式，我不由得从心底佩服这位母亲，也明白了豆豆为什么与其他孩子相比能够给我不一样的感觉。

接着，豆豆的母亲还告诉了我们一件事情，在豆豆百日的时候，她和丈夫邀请了很多朋友为豆豆庆祝。这对于大人来说虽然不是一个非常大的场合，但对于豆豆来说却是一个非常重要的活动，因为他从来没有参加过这样的派对。所以，那是他第一次被隆重地介绍给朋友，也是第一次同时与这么多的人有目光接触。为此，她为他精心选择衣服，因为豆豆的衣着是否得体，关系着客人对他投来目光的不同，是真诚的赞美还是敷衍的赞叹；是礼节性的笑容还是发自内心惊喜的笑容。虽然孩子还小，对这些还不能分辨，但是成人在与孩子接触时的动作、感情，小孩子是完全可以感受到的。

经过她为豆豆精心地打扮，百日那天，豆豆出尽了风头：每个客人都不例外地抱抱他或者亲亲他。豆豆那时似乎也感受到了客人的热情，总是笑个不停，最后带着笑意在妈妈怀抱里睡去了。

豆豆是一个幸福的孩子，因为他有一位优秀的母亲，能够从小培养豆豆的着装习惯，提升豆豆的交际能力。其实，我们每个父母都可以做到，只是很多父母和我在没有遇见豆豆之前一样，缺乏这样的意识而已。培养孩子的交际意识，从着装开始。

二、孩子衣服穿什么，怎么穿？

当下大多数人都有这样一个观念，大品牌、高价格的衣服就是最好的，因为它质量过关，而且在外人面前还有面子。其实，在为小孩子选衣服时，大人的这种观念是错误的，这很有可能会滋长孩子的虚荣心，不利于孩子身心的健康。

当然，大品牌的衣服总的来说面料和质地都是比较优秀的，但价格就不是那么的亲民，从健康的角度及经济实惠的角度考虑，如果是与肌肤直接接触的衣服可选择一些大品牌、质量过关的衣服，其他衣服则可以选择一些性价比比较高的衣服，以美观实惠为主。

大人一定要向孩子从小灌输这样一个观念，衣服如同一个人的修养与品位，不可随意乱穿。这一点豆豆的妈妈给我们讲了很多，对于衣服的种类、家居服、睡衣，她每次给豆豆换衣服的时候都会认真仔细地讲一遍。如在要干什么的时候她都会说：“今天我们要去商场，所以我们要穿漂亮一点”“今天我们要去体育场运动，所以我们要穿运动服，因为穿着运动服运动更舒服”“晚上睡觉了，我们要穿上睡衣哦”等。

我很能理解豆豆妈妈的良苦用心，她这样做的目的就是要让豆豆明白不同的衣服适合于不同的场合。但是我担心，这样做会不会束缚孩子的生活呢？

豆豆妈妈听到我这个担心后告诉我，每次回到家后我都会让他换上比较舒服宽松的衣服，而且为了保持外出时的整洁就一定要在家保持衣服洁净。这是一种良好的礼仪习惯，只要养成了这个好习惯，并不会束缚孩子的生活。

我们正聊着，突然豆豆妈妈似乎想到了什么重要事情似的，严肃地对我们说，小孩子的衣服一定要把握度，因为有一次她下班回家看到一个两岁左右孩子的小鸡鸡露在外边，这时家长的朋友指着小朋友的小鸡鸡说：“看，你的小鸡鸡露出来了。”说着甚至还顺手摸一下，表面看不是什么大事，而事实上这是对孩子极大的不尊重。孩子在被他人品论、观赏的同时尊严也丢失了，而父母却完全不在意。随着孩子的成长，久而久之必然会对孩子心理造成负面的影响。所以，豆豆妈妈告诉我们一定要为孩子选择合适的衣服，无论天气再热，都要为孩子穿戴整齐，从小保护孩子的自尊心。

三、着装从娃娃抓起

听了豆豆妈妈培养豆豆着装的故事，我受益匪浅。在随后的一段时间里，在培养幼儿着装上，我也做了一些研究与调研，总结了以下几个方面：

第一，重视幼儿的感受。很多人认为孩子从生下来到1岁的时候什么也不懂，培养他们如何着装没有必要。但是，据实验表明，孩子在还未出满月时，当大人走进房间时他能够感应得到，尽管他的视力模糊、身体柔软，但是他会微微地扭动身体或者侧目，以此来表示他知道有人进来了。这个动作很小，几乎很少人能够发现。所以，我要说的是孩子在生下来以后，在着装培养上首先要从我们大人做起，给孩子一个好的示范，创造一个良好的着装礼仪氛围。

第二，带孩子出去玩时穿衣须谨慎。我们小区街对面有一个公园，那里经常会有一些父母带着孩子玩，有几天为了观察孩子的沟通能力我每个周末早上都会去那里。然而，我看到的是，经常有一些父母穿着睡衣抱着孩子在公园溜达。有几次不到一岁的宝宝要尝试着走路时，妈妈就会俯下身子两手抓着宝宝的肩膀扶着宝宝走，这时她宽松的胸口让胸膛里面一览无余。幸亏我是女的，如果是男人看到这一切该是多么的尴尬。因此，在孩子很小的时候我们需要向豆豆妈妈学习，外出的时候一定要穿戴整齐，包括父母自己的和孩子的，培养孩子一个良好的着装习惯。

第三，培养正确的品牌观。据我了解，当下很多孩子都喜欢穿名牌，喜欢与他人攀比，比如今天你穿国内知名品牌，明天我就穿国际知名品牌。造成这种现象的原因，一方面是虚荣心的问题，一方面是没有养成良好的着装习惯。为此，我们老师和家长要强化孩子的判断力，从礼仪的角度出发，让孩子明白什么时候该穿什么样的衣服。

至关重要的口语交际

孩子在两岁左右的时候，就已经会咿咿呀呀地开始学语，这是孩子最初的“口语交际”，是孩子“交际能力阶梯培养”的嵌入阶段，这一点，在第二章的“如何教孩子咿呀学语”这一节中已阐述过，本节将不再啰唆。而孩子在步入社会之前，在试图与他人沟通交流的过程中，我们还需要对孩子进行至关重要的口语交际培养，当然，这里的口语培养标准要比之前“咿呀学语”高很多，如同一个大学生即将毕业走入社会，老师向其培训必要的生存技能一样。这是对孩子交际能力一次本质上的提升。

一、不可不知的口语交际基础培养

2011年暑假的时候，我去了一趟苏州。这次是我一个人去的，因为除了考察南方孩子交际能力的培养方式外，我还有一个目的就是旅游。俗话说：“上有天堂，下有苏杭。”所以，苏州是我一直想去的地方，当然，费用是我自理。

我上大学的时候有一个同学老家是苏州的，她毕业之后就回到了苏州，在一家规模比较大的幼儿园当老师。这次来苏州，我也是“投奔”她来的。

来到苏州后玩了两天，这里空气宜人，风景也非常好。第三天的时候，我要求同学带我到她的幼儿园看看，并说明了我的目的，同学也很爽快地答应了。这天，她专门带着我听了她们学校老师培养孩子交际能力的一堂课。

只见老师在黑板上整齐地写下了“mā、má、mǎ、mà”四声音节，接着，她又分别在各个音节下面写上了“妈、吗、马、骂”四个字。起初，我搞不懂老师这是什么意思，培养孩子的口语，为什么要写上拼音和汉字呢？

这时老师问孩子们：“认识这四个字吗？”

孩子们齐声说道：“认识。”

接着，老师叫了几名孩子进行了提问，孩子们说得也都非常正确。然后，老师又在这四个字后面分别写了一句话：“我妈妈很爱我”“你好吗”“小马跑起来很快”“骂人是不对的”。与前面的拼音字连在一起，带着孩子们一起阅读。

这时，我才明白了老师的真正意思。下课后老师对我解释说：“由于幼儿园的孩子说话还不太完整、不规范，经常会说错话，所以，教孩子口语的时候还需要从教他们拼音开头，然后顺势教他们口头表达的语言，这样的效果会更好一点。”

听了老师的解释，觉得老师的方法很奇特，同时也感受到这种方法确实能够最大限度地提升孩子的口语交际能力。因为之前没有听说过这种教育方式，于是我问同学：“这种培养孩子交际能力的方式是你们老师自创的吗？感觉很有创意哦！”

同学说：“其实这种方式也是老师从他同学那里学过来的，不过在我们这里用了之后效果非常好，所以就成为了我们幼儿园培养孩子交际能力标志性的方式。”

那一次的苏州之旅让我收获很大，不但欣赏到了美丽的风景，更重要的是让我学到了培养孩子口语交际的技巧与方法，以及老师的先进教学理念。

其实，我认为，培养孩子口语交际能力的方法还有很多很多，只是需要我们去不断地学习和实践。作为老师、家长，在孩子刚上幼儿园口语表达还不是很好的时候，我们同样可以用这种方法引导、培养孩子的口语交际，无论在家里还是学校，运用起来都比较方便。

二、让孩子无所顾忌地说

我所在的学校是在城市与县城之间，有一部分孩子来自城市，有一部分孩子来自农村。在我带小学一年级的时候，可能是因为生活环境及语言环境的影响，有很大一部分农村来的孩子变得胆小、害羞。当我在课堂上提出问题时，积极举手的往往都是城市中的孩子，当我无奈地叫到某个农村来的孩子回答问题时，他总是低着头，表达含糊不清。有些孩子习惯了用方言说话，当我要求其用普通话回答问题时，他便不再说话，而且以后也很少会与其他城市中的孩子交流。当然，城市中的孩子也有类似的问题。这几年，通过对孩子们这些口语交际问题的分析研究，我总结了以下几条，相信对同行老师、父母培养这类孩子的口语交际有一定的帮助。

第一，懂得欣赏孩子。无论孩子说得对还是不对，普通话说得标准还是不标准，首先我都会用一种欣赏的眼光去赞扬孩子。因为我发现，孩子在回答问题的过程中出现表达问题时，如果我第一时间纠正孩子的错误，那么他下次回答问题或者表达时就会变得不积极、胆怯，或者说是更加小心，这必然影响到孩子的表达能力。为此，孩子在回答完问题之后，不管他说的是普通话还是家乡话，我都会对他说："你说得真好""这个词用得太好了""你的声音很洪亮"等。对于一些表现好的孩子，我还会让他到讲台上朗读一些名家文章，来感染教室的口语表达气氛，影响表达能力不是很好的孩子。

作为老师，在课堂上要让孩子敢说，不要有所顾忌地说，说完后要送上你欣赏的目光，给予一定的鼓励。作为父母，平时要与孩子多沟通，在孩子还咿呀学语的时候就开始着手去影响他，当孩子表达错误时，不可说教式地或者威胁、恐吓式地去改变孩子的错误，而是要引导，让孩子感受到正确的要比错误的好很多。

第二，我大学毕业刚到学校代课的时候，我们学校对老师曾有这样的潜规定，在与小学一年级的学生沟通的时候，老师需要用儿童的语言。当时我并不知道为什么要用儿童的语言，怎么用儿童的语言。经过一段时间与学生交流后，我才真正明白学校的良苦用心。一方面，运用儿童化的语言可以更有效地与孩子沟通，更能融入到孩子当中，孩子们也更容易接受；另一方面，给孩子创造了一个宽松的语言环境，在引导孩子积极说话上有很好的作用。在家中，父母也需要积极运用一些儿童化的语言与孩子沟通，其实，这一点很多父母一直都在做。当然，随着孩子的成长、成熟，儿童化的语言可慢慢去掉。

第三，主动寻找话题沟通。对于一些刚上小学的孩子，大多看起来很活泼，但当让他们回答问题或者与其说话时，他们的表达能力却非常差，为此，我经常会在课间主动找一些孩子们感兴趣、熟悉的话题让他们进行讨论，比如“我喜欢看的动画片”“我喜欢吃的水果”“我的爸爸”“我喜欢玩的游戏”等，一说到这些，他们就会眉飞色舞、滔滔不绝地讲起来，有的孩子一边讲还一边用手比画，生怕别人不明白。

有一个孩子给我印象很深刻，他叫刚强，父母为他起这个名字可能就是希望他在人生的道路上刚强吧。在我看来，他没有辜负父母的期望，的确在班中很刚强。他喜欢看动画片，尤其是《变形金刚》。那天在我提到“我喜欢看的动画片”这个话题的时候，他显得很激动，迫不及待地向我和其他同学们讲解片中谁怎么了、谁最厉害、谁是大坏蛋、谁是怎么与坏人斗争的等等。而且语言表达相当到位，精彩的语言不断喷出，一点也没有在课堂上回答问题的那种紧张。

事实证明，通过这样的训练，孩子们不仅会无所顾忌地说话，而且他们的语言表达能力也有了很大的提高。这也是我们学校让我最佩服的地方，它把孩子的特点与教育培养方法良好地融合到了一起。

三、创造口语交际的环境

全国著名的语文教育专家、儿童教育家李吉林曾说：“言语的发源地是具体的情境，在一定情境中产生语言的动机，提供语言的材料，从而促进语言的发展。”因此，要更加有效地培养孩子口语交际，需要注意影响语言动机的源头——交际环境。

对于孩子的交际环境，通常需要我们主动去创造。比如如果在家里，夫妻两人各拿一台笔记本工作，互不说话，孩子一人无聊地看着电视，在这种环境下，孩子当然没有交流的欲望，慢慢地会变得不喜欢交流，不善于交际，导致孩子口语交际能力低下。相反，如果我们能够给孩子创造一个有利于交际的环境，如前面提到的找一些孩子喜欢的话题，带孩子到他喜欢的地方去游玩，激发他们的交际欲望，让孩子无拘无束地进行交流，从而提高孩子的口语交际能力。为此，我总结了以下几点：

第一，关注生活。每次开学给小学一年级的新学生代课的时候，第一节课我都会面带微笑着与同学们打招呼，“同学们早上好！”这时，一些陌生的眼睛也会向我投来友好的目光。然后我便开始作自我介绍，“我叫刘瑞琴，从今天开始我是你们的某某老师，也是你们的好朋友，大家愿意和我成为好朋友吗？”

这时，大家都会大声地说：“愿意！”

然后我会不失时机地走到同学们中间，先进行一对一的简单沟通，询问一些问题，比如：“你好，你叫什么名字？”“你的家住在哪里呢？”“你喜欢什么运动呢？”等等，这样，班里活跃的气氛便带动了起来。接着，我通常会让同桌相互沟通、交流，然后与我进行相互介绍。这样，本来彼此陌生的孩子就会熟悉起来，积极主动地进行口语交际，这一方面增进了彼此之间的友谊，另一方面也很好地锻炼了口语交际能力。

在家中，父母要经常带孩子去参加一些有意思的儿童派对及活动，比如五一、六一、十一的时候可以约上亲朋好友，带着各自的孩子一起去旅游，让孩子们的生活多彩的同时，在快乐中互相交流、沟通。

第三，角色扮演。角色扮演如同本书第二章第八节嵌入阶段的“和孩子一起过家家”，在嵌入阶段，主要目的是让孩子认识、理解交际。而此阶段的角色扮演是为了提升孩子的口语交际能力，比如我经常会带着孩子们表演一些儿童故事，根据课文或者孩子们喜欢的动画片，让他们出演故事中的角色，然后进行模仿式的对话，这样便加深了孩子们对角色的体验，对课文也会有更深层次的理解。更为重要的是，打开了孩子们的交际思路，使孩子们达到了想说并且会说的目的。

口语是走入社会的门票，交际是社会生存的保证，因此，具有良好的口语交际习惯，孩子走入社会的门票就有了保证。尤其是小学阶段，是孩子语言发展的黄金时期，除了我们老师在教学的过程中需要有针对性地进行培养外，孩子的父母、长辈也需要相应地采取一些正确的方法与技巧，如我在前面所提到的一些方法。特别是对于农村孩子，受到很多父母都外出打工等家庭环境因素的影响，很多孩子在刚入学的时候口语交际能力都很差，对此，我们老师及父母都应该重视起来。

合作意识提升交际能力

在竞争激烈的当今社会，合作意识是交际中非常重要的一个因素，不懂得合作、没有合作意识的人是很难成功的。因为，一方面他缺乏团队意识，显然，一个团队的力量要远远大于一个人的力量。另一方面，他会被孤立，因为他总是喜欢单打独斗，一个被孤立的人是一个交际圈有限的人。因此，这类人做某些事情的时候总会遇到困难、挫折。

培养孩子的合作意识是时代的需要，也是社会发展的需要，更是交际的需要。从小培养孩子的合作意识，就能从本质上改善孩子的交际能力。

一、培养合作意识从兴趣入手

在2007年的时候，我所带的班里从外校新转来了一名学生，男孩叫睿菀，是他爸爸带过来的。第一次见睿菀就感觉到他性格内向，在睿菀爸爸向他介绍我的时候，他一直低着头不说话。看到孩子如此腼腆，睿菀的爸爸微笑着说："孩子胆小，不怎么会说话，您别放在心上，拜托您了。"看得出，睿菀的爸爸是一个很会说话的人。在离开学校的时候，睿菀爸爸还特别叮嘱我说："这个孩子很聪明，学习一直很好，但是不怎么和其他同学交往，总是独来独往，还得麻烦您在这方面多关照关照。”

作为老师，教育孩子是我的责任，这当然没啥说的。而且我觉得睿菀应该没有他爸爸说的那么严重。可在随后的学校生活中，让我真正见识到了睿菀的“独来独往”，以及他奇怪的性格。

睿菀爸爸走了之后，首先我带着睿菀向同学们做了一个介绍。我和睿菀站在讲台上，我对同学们说：“同学们，今天我们班来了一位新同学，他叫李睿菀，以后他就是你们的好朋友好伙伴了，大家欢迎。”

教室里响起了热烈的掌声，可睿菀似乎觉得什么事情都没有发生一样，抬起头略略笑了一下，然后眼睛瞟向了窗外，也许是为了躲避同学们热情的目光吧。

接下来的几天，睿菀虽然不怎么和其他同学交流，但是如他爸爸所说在学习上表现得很好，也没有发现太大的异常情况。直到在一节体育课结束后，体育老师向我反映，睿菀在他组织的排球活动中不愿意参加，在班里组织的团队比赛中，不管他将睿菀分到哪一组他都不愿意去，总是一个人在边上玩。

这是孩子交际能力低下的直接表现，如该体育老师所说，如果他和其他同学不接触的话，他的交际能力将永远无法得到提升，而在学校中，和其他同学最好的接触方法就是从游戏中开始，在游戏合作中，互相沟通、互相了解、建立友谊。而这一切，都需要建立在孩子具有合作意识的基础之上。因此，那时候我就在想，如何让孩子自愿与其他同学玩游戏呢？

我问体育老师：“他不参加你安排的排球赛，那他在做什么呢？”

“自己一人抱着一个篮球拍来拍去的，不知道咋回事，这孩子显得很不合群。”体育老师说。

记得教育学家乌申斯基曾说：“没有兴趣的强制性学习将会

扼杀幼儿探求真理的欲望。”那么，为何不从睿菀的兴趣入手培养他的合作意识呢？

于是，在周六的下午，我和体育老师商量在班里举行一场篮球赛。在报名的时候，睿菀还是不愿意参加，在我的劝说以及各个篮球明星的诱惑下，他最终参加了篮球比赛。在比赛中，他不但和其他同学配合得非常完美，假动作、掩护队友等战术让在场的体育老师也不断叫好。在同学们的喝彩声下，睿菀与队友的合作越来越好，并在场上不时地沟通，与之前班上那个不说话的孩子判若两人。

在这次篮球赛中，睿菀感受到了快乐，感受到了合作的乐趣，他对合作会越来越感兴趣。我们在培养孩子的合作意识时，也可以从孩子的兴趣点入手，先让孩子在合作中感受到快乐与美好，对与同伴合作保持一种持续的兴趣，为孩子的合作能力及交际能力奠定基础。

二、创造合作机会，创造交际培养机会

要培养孩子的合作意识，首先要找到能够让这种意识生根发芽的土壤，创造培养条件，为孩子提供合作的机会，这是培养孩子合作意识的前提，也为交际能力培养创造了机会。

如我的学生睿菀，根据他的兴趣，我为他创造了合作机会——篮球比赛。也是因为这个机会，让他感受到了合作的快乐，从而对与他人合作产生一定的兴趣，提高了合作意识。

作为老师，在为孩子创造合作机会时，我们可以有目的、有计划地组织孩子进行一些合作性的游戏，组织一些合作性强的活动。比如，对于幼儿园的孩子，可以把孩子两三个人分组，让他们共同完成搭积木游戏，并进行成绩评价，以提高孩子们合作的

积极性；也可以让孩子两人或者更多人合作去完成一幅画或者一些体育游戏。此外，我们还可以打破班级、年龄的界限，让不同的班、不同年龄的孩子进行合作，比如大孩子带着小孩子做游戏，一次次扩展孩子合作对象的范围，锻炼孩子在不同环境下的适应性，同时也拓宽了孩子的交际范围，有利于与社会的接轨。

作为父母，在家里的时候可经常与孩子共同去做一些家务或者游戏，也可以带着孩子与邻家或者少儿宫的孩子一起活动。比如，你在包饺子的时候，叫着孩子和你一起，一个人擀皮、一个人包馅，最后一起吃，共同享受合作之后的美味。记得我在小的时候有这样一种感觉，那时候自己刚刚学会做饭，每次妈妈做的饭即使非常美味，食欲总不是很大，饭量一般，而如果是我做的饭的话，即使是很难吃，我也会觉得是一种美味，食欲大增，会吃很多。相信很多家长和我一样都有这样的感觉，究其原因就是自己亲自参与了。因此，在家中条件允许的情况下，我们有必要与孩子一起做饭，让孩子感受合作之后的美好。此外，父母还可以把孩子的合作培养贯穿到整个家庭生活中，比如和孩子早上起来一起叠被子，与孩子一起搬凳子，在玩具散落一地后，和孩子一起收拾玩具等。

通过这样的合作，孩子就不会只顾着一个人玩，在共同去做一件事情的时候，他会主动地将自己的意见和想法融入到里面，继而出现协商、探讨的过程，为孩子交际能力的培养创造了机会。

三、培养孩子合作中解决问题的能力

在多人去做一件事情的时候，因为每个人的思维与想法不同，难免对于某些问题因不同意见而出现争执的场面。当我们大人遇到类似情况时，总会有机智、有技巧地进行处理，通常都会达到一个较为满意的效果。可是对于孩子来说，他们的思维、思考能力、解决问题的能力是有限的，当合作出现意见不统一时，他们更多的可能就是争执。因此，要让孩子的合作意识更加有助于交际能力的提升，我们需要培养孩子在合作过程中遇到问题时解决问题的能力。

对于独生子女来说，孩子是家中的“太阳”。在众人的爱护下，多形成了以自我为中心的性格特征，因此，孩子在与他人合作的过程中遇到的问题大多都不是很好解决，比如孩子在与其他小朋友一起玩游戏的时候，遇到问题后首先不会主动去化解，而是采取告状或者蛮横对抗的方式，因此，我们老师及父母在这方面需要起到引导作用。

作为老师，我首先会采取一种孩子喜欢并能够接受的方式与其沟通并引导。比如我看到孩子们之间因为游戏或者讨论某个问题而争论不休时，我会主动加入到其中，然后以平等的身份引导解决。当然，有的孩子可能还不是很认可老师的说法，这时我会用一些文学作品中的人物来引导、提醒，让孩子明白正确的处理方法。

作为父母，在与孩子互动的过程中同样会遇到问题，比如孩子破坏游戏规则，不同意父母的说法，在共同包饺子的过程中孩子突然中止合作等等。这时，除了要给孩子讲一些通俗易懂的道理外，更要告诉孩子中止合作的损失及后果。安慰孩子不要着急，引导孩子找到问题的根源，然后循序渐进地解决。

这样，孩子在协商的过程中就会懂得谦让与谅解，明白与他人合作要友善、团结，这最终也就达到了培养合作意识来提高交际能力的目的。

红灯停，绿灯行

曾记得，“红灯停，绿灯行”是我们小时候课文中经常出现的句子，意在告诉我们要遵守交通规则，注意交通安全。但遗憾的是，即使我们在那样极具意义的交通规则句子的熏陶下，依然出现了一批又一批的“中国式”过马路人群。显然，这是对规则的一种破坏，也是对我们那时教育的一种讽刺。

对于“中国式”过马路的这类人，我个人是非常讨厌的，即使我曾经也像他们那样是“中国式”过马路中的一员。这说明，无论你有没有破坏过规则，但是只要你看到破坏规则的人心里就会感到“不爽”，就会产生反感的心理。俗话说：“不以规矩，不能成方圆。”任何事情都会有规则，包括人际交往。和过马路一样，在人际交往中，一旦你破坏了规则，闯了红灯，那么他人就会对你投来鄙视的目光，产生不好的印象，在交往的过程中始终与你保持距离，对你产生警惕的心理。因此，我们必须从小要培养孩子遵守规则的习惯。在走访的过程中，朵朵爸爸给我说了很多他与朵朵之间的事情，而这一件事情最有代表性。

一、培养孩子遵守规则的意识

朵朵的爸爸是一个象棋迷，平时总喜欢约几个好友来家里下棋，而且一下就是好几个小时。朵朵今年5岁，从小就看爸爸和其他叔叔下棋，但自己会不会下，却没人知道。

一天周末，朵朵看见了爸爸茶几下面的象棋，就吵着正在看报纸的爸爸说："爸爸，我们下棋好不好？"

朵朵爸爸说："和你下棋！你会不会玩啊？"

朵朵认真地说："我当然会。"

爸爸想，朵朵从小看自己下棋，应该会一点吧，反正闲着也没事，不如陪朵朵玩一会儿吧。于是，爸爸摆开了棋谱，摆好自己的棋子。朵朵很聪明，也一个不差地把自己的棋子放在了正确的位置。接着，这父子俩便开始对决了。

下着下着，朵朵的一个卒子没过河居然拐了弯，爸爸急忙说："朵朵，没有这么下的啊！卒子没过河怎么能拐弯呢？"

朵朵问道："为什么卒子不过河就不能拐弯呢？"

这么简单的一个常识性问题，竟然把朵朵爸爸为难住了，爸爸一时不知道该如何回答。

培养孩子遵守规则的意识，首先要从向孩子介绍规则开始。无论孩子在学校还是在家中，在玩游戏中还是在学习中，在开始之前要向孩子讲清应该遵守的规则，以及为什么要遵守，这样，孩子在行动的过程中就不会明知故犯。比如，朵朵爸爸在与朵朵下象棋之前，应该先向朵朵讲一遍下象棋的规则：卒和兵过河后才能拐弯，车只能走直线等。并告诉朵朵，这是象棋发明者定下的规则，只有这样做，游戏才能玩，否则游戏就不能玩。这样，朵朵就不会出现卒子没有过河就开始拐弯的情况，更不会问爸爸"为什么"这样的问题。

为了能够与朵朵正规地下象棋，朵朵爸爸不得不将象棋的规则向朵朵整个说了一遍，朵朵知道了规则并知道了为什么要遵守规则后，便开始与爸爸下棋。毕竟朵朵下象棋只是一个新手，姜还是老的辣，眼看就要输了，于是朵朵走了一步违反规则的马（马在象棋中走的是“日”字，所谓日字就是“两横一拐弯”或“两竖一拐弯”，当“两横”或“两竖”之间有一其他棋子时，马就无法走过去，这种现象称之为“别马腿”）。

这时爸爸忙说：“不对啊，不对！刚才我给你说过了，马不能这样走，这是‘别马腿’，这是违反规则的。”

朵朵则闹着说：“不嘛！不嘛！我就要这样走，就这一次好吧，下次一定按照规则走……”

面对朵朵的撒娇，爸爸只好迁就了朵朵，允许朵朵这样走一步。

看似一个简单的迁就，但却会给孩子在成长中带来很大的影响。朵朵爸爸不知道，这一次违反规则后的迁就也就意味着下一次的迁就原谅，久而久之，孩子便会视规则为儿戏或者不放在心上。

也许有人认为：“没有这样夸张吧，不就是一个游戏吗，游戏的目的就是让孩子快乐，只要让孩子高兴快乐了目的就达到了，什么乱七八糟的规则都不重要。再说，规则也是人定的，可以修改。”

是的，游戏的目的就是让孩子快乐、高兴，这一点我也很认同，但是，首先，每一个游戏之所以会设定一些规则，是有一定的科学依据的。只要按照规则去玩，同样可以体验到游戏带来的快乐，而且还能够开发孩子其他方面的潜能。比如象棋，按照规则玩可以锻炼一个人的逻辑思维能力，否则，一切只是玩而已。显然，我们有必要让孩子按照规则去做事。

其次，孩子在玩游戏时第一次违反规则，那么就可能会有第二次、第三次。如果是和父母长辈之间的话，孩子违反规则都会被原谅，但如果是和同龄朋友在一起的话，其他孩子还会原谅违反规则的孩子吗？还会和孩子一起玩吗？因此，孩子的交际能力就会受到极大的影响。

所以，朵朵爸爸正确的做法应该是严格执行游戏规则，在遵守规则上不随意迁就朵朵的撒娇、嬉乐。

在爸爸让朵朵违反规则走了一步棋后，两人的“对决”又开始了。接下来，朵朵的棋下得很是谨慎，每一步思考好久，爸爸很高兴，因为他看到朵朵是在思考，朵朵在用心和自己下棋。

就在最关键的时候，爸爸的一招马后炮将朵朵逼到了死路。这一次，朵朵又用“别腿马”把爸爸马后面的炮吃掉了，看到这种情况，爸爸也急了，忙说：“朵朵，不听话是吧？刚才不是给你说过了你的这是‘别腿马’，吃不到我的炮，怎么又违反规则啊？”

朵朵无辜地说：“不吃你的炮我就输掉了，咱不要‘别腿马’这样的规则了好不好？爸爸……”

听到朵朵一次次地这样说，爸爸也觉得很是无奈……

类似于这种情况，在很多家庭中都时有发生，很多家长的做法便是向孩子妥协，顺从孩子允许孩子违反规则，这样做的后果在前面我已经分析过。对于孩子仅仅是为了赢得游戏的胜利而多次破坏规则，我们老师及家长应该停止游戏。只有养成遵守规则的好习惯，在家庭之外交往时，才会用准则来约束自己，顺利地融入到团队中，与他人友好地交往。

二、培养孩子遵守规则的方法

规则是对自由空间提出的一种相对的约束，它是人类生存必需的一种规范与准则，是保证人类正常生活、发展的一种秩序，可以让人与人之间的活动顺利进行，并在这种规范下享受更大的自由与更多的乐趣。所以，培养孩子遵守规则的意识势在必行。我总结了以下几种方法，供老师及父母参考：

第一，感受违规的后果。我在带孩子们做游戏的时候，有些调皮孩子可能是由于过度兴奋，总会违反游戏的规则，为此，其他同学都很不开心。于是，我将孩子们召集在一起，用商量的口气对他们说："如果我们在玩游戏的时候同学违反了规则，我们该怎么办啊？"孩子们通过讨论后最后决定，谁要是违反了游戏规则就停止其参加游戏三次。对于这样的惩罚，刚开始有孩子总是违规，被惩罚后，渐渐地，违反规则的孩子也越来越少了。

在家中，父母也应该如此，首先父母应该努力让孩子了解违反规则的后果。在孩子违反某些规则后，应该让孩子在可承受的范围内承担一定的责任，这样就可以避免孩子因不守规则与他人造成争执或冲突。

第二，采取恰当的制止方式。孩子即将或者已经违反某些规则后，在采取制止措施时要因人而异。因为每个孩子的气质、性格、家庭环境等不同，他们的行为和意识也都不太一样，因此，老师及父母需要仔细观察、了解每一个孩子，采取最恰当的阻止方式。比如，有的孩子你只需要给他一个眼神，他就会明白那样做是不对的；而有些孩子需要你坐下来与其交谈引导来纠正孩子的错误行为。

第三，规则表达要简洁明了。在向孩子传递某些规则时，尽量用精炼的语言，条理要清晰，切忌为了表达清楚而说很多。记得有一次，在参加学校组织的运动会时，为了让我们班的孩子更加有秩序，我思前想后说了很多，可最后却事与愿违，依然有很多孩子违反了我之前说的规定。因此，每次在向孩子讲规则时，最好融合在三条之内，当然，有些规则比较多的话可以分多次进行说明，或者边进行边说明。

第四，父母、老师要以身作则。如果你告诉孩子过马路要“红灯停，绿灯行”，而你依然是“中国式”过马路的一员，那么当孩子看见你闯红灯的那一幕后，心里必然会纠结。因此，既然告诉孩子要遵守，那么自己也要遵守，否则，一方面是对自己最大的讽刺，一方面对孩子遵守规则会产生消极的影响。

第五，不断巩固。孩子的良好行为习惯的养成有一个漫长的过程。在成长的过程中，善变、不稳定是孩子最大的特点，所以，我们需要长期坚持，不断巩固孩子遵守规则的意识。通过日积月累，来提高孩子遵守规则的意识，提升他们适应社会的能力。

培养孩子的自尊心与自信心

所谓自尊心，就是自我尊重，不容许别人侮辱和歧视的心理状态，能够正确地看待自己与他人之间的关系，能够用正确的标准衡量自己的行为。具有自尊心的人，为人公道，正义感强烈，性格坚强，具有勤奋、艰苦奋斗的精神。这类人在交际中，总能赢得一批“死心塌地”的朋友。但是，过度的自尊心会带来消极的一面，比如偏激、固执，显然，这会给交际带来一定的阻力。

所谓自信心，是指自己要相信自己的能力，科学、正确地认识自己，在遇到困难的时候，能够看见自己的优势，树立起勇往直前的勇气。一个拥有自信心的人是一个具有号召力的人，也是一个具有感染力的人，他总能够调动人们积极的情绪，让事情朝着有利的方向发展。在交际中，这类人总是非常受他人的欢迎，因为他能够让对方感受到力量，感受到动力，能够燃起他人工作的热情。所以，在交际方面，他有很大的优势。但是如果自信过度就会变成自负，影响他人对自己的信任度。

可以看出，孩子的自尊心、自信心与交际有很大的关系，所以，每一个孩子都需要有正确的自尊心与自信心。在培养方面，需要把握一定的技巧与方法，来提升孩子的交际能力，而非阻碍孩子的交际能力。

一、自信的“魔力”

李小冉，12岁，是我2010年当六年级班主任时的一个学生。那时候的她性格孤僻、情绪低落，不喜欢学习，成绩一直在班中的后十名徘徊，而且还经常旷课，每天也沉默寡言。父母为她的学习付出了很多努力，为了能够让小冉有更多的时间学习，一点家务活都不让她干。他们每周都会给我打电话询问小冉在学校的情况。我也为此非常着急，为了不辜负小冉父母的嘱托，想了很多办法来改变小冉，可是都没有太大的效果，也让我很是头疼。

其实，三年前，也就是在李小冉上三年级的时候，她是一个聪明、活泼、开朗、学习优秀的好孩子，但是为什么会变成这样呢？

这一切都要从小冉上三年级的时候开始。那是一次期中考试，我是小冉的班主任（我们学校通常情况下，班主任都是跟着学生一起升级的，也就是说班主任会把学生从一年级一直带到小学毕业），可能是小冉发挥失常的原因，平时学习挺好的她这次居然没有考及格。小冉看到成绩单后非常难过，我知道这是一场意外，所以并没有批评她，而是用课间时间对她进行了安慰。

但是，小冉回到家后却遭到了父母的严厉打骂。此后，父母只要看到李小冉玩，就会拿此事指责她，说她上次考试那么差，还有心思玩。并且还经常在亲戚朋友以及小冉的同学面前以此事为话题说她（当然，这些事情也是在我看到小冉性情大变后，进行家访才知道的）。随着时间的推移，在四、五年级的时候小冉的成绩有所提升，但是非常缓慢，与之前三年级的她相比，相差很远。直到六年级的时候，小冉的性格彻底变得孤僻了，每天沉默寡言，对什么事情也都没有了兴趣和信心。

不得不说，这是一个教育事故，由于自信心被无情地抹杀，小冉沉默了。以后还能不能重拾信心，改变孤僻的性格，这已经很难说，但我那时候真心希望在她上了初中之后，能够充满自信地生活，与其他同学友好地交流。

著名的心理学家埃里克森提出人发展八个阶段理论中，他是这样认为的：自信心是在3～6岁形成，7～12岁沉淀下来的。按照这个数据推算，小冉三年级之前的自信心培养是非常好的，而在9～12岁的时候，自信心被打击，而没有将优秀的自信心沉淀下来。因此，小冉是否能够重拾自信心是我一直所担心的。

自信心虽然不是一个智力因素，但是它会影响一个人的一生。自信心强的人总是对自己充满了希望，对任何事情都会看到积极的一面，而且总会投入积极的热情去做这件事。这样，他们成功的几率就会大增，在人际交往中会更加具有吸引力，因为这类人身上由于自信总会散发出一种“正能量”。相反，一个自信心弱的人总是瞻前顾后，担心自己做不好，会出问题，甚至有时候会觉得自己一无是处，干什么都不行，最后还会演变成破罐破摔，如同上面的小冉。这种情绪是消极的，在人际交往中，它会将对方“推开”，拒对方于千里之外。

在一些集体活动中，我们经常会发现这样一类小孩，他们不敢或者不好意思主动要求参加活动项目，即使参加了，也不敢主动提出自己的想法或者建议，更不会主动与他人进行交流，总是随大流或者随大人，大多数说什么就是什么，老师说什么就是什么，习惯依赖别人。比如我在走访一个刚开园的幼儿园时，有个小朋友叫莉莉，在妈妈领着她进幼儿园时总是低着头，不敢看其他人。当我问她话时，她的身体会不自然地转动，声音很轻，如蚊子一般，听不清楚到底说的是什么。这类孩子就是严重缺乏自信心的表现，因为在幼儿园，年龄还小，培养自信心相对比较容易，所以，老师以及父母应该重视这类孩子的自信心培养，避免对将来的交际造成影响。

有一些培养孩子自信心的技巧及方法，下面与大家分享一下。

第一，准确公正地评价。这种方式可以帮助孩子认清自我，在自信的前提下而不自负。比如通过老师、父母对其优点的表扬让孩子更加相信自己；通过对孩子自身一些缺点的指出，避免孩子自负。这里我们需要注意的是，评价必须要公正、准确。

第二，避免溺爱。在对孩子进行评价的过程中，很多老师或者父母都会过于突出孩子的优点，而忘记评价孩子的缺点，这就成为了一种溺爱，久而久之，会让孩子变得自负，过于自我。

第三，合理地奖励。对孩子实施奖励几乎是每一位老师和家长都做过的事情，可是效果不一，有的孩子通过奖励，变得更加自信勇敢，善于交际；有的孩子通过奖励，变得霸道、无理。因此，奖励应该合理。其一，精神奖励应重于物质奖励，否则，很容易强化孩子的虚荣心。其二，奖励应准确。在实行奖励时一定要有理有据，不要稀里糊涂地进行奖励，否则会让孩子变得迷茫，甚至形成错误的是非观念。其三，奖励应有度。频繁的奖励会让孩子失去应有的兴奋，觉得这一切来得太容易，反而不当回事，达不到应有的效果。其四，奖励与年龄挂钩。随着孩子年龄的增大，奖励的比重应该增大，这样才符合孩子心理发展的规律。比如孩子在2岁的时候你奖励他一颗糖，他会很满意；而他在6岁的时候你依然奖励他一颗糖，肯定是不能够让孩子满意的，相反会造成不好的效果。

二、不可“侵犯”的自尊心

这个真实的故事来自深圳一家媒体的报道。当我看完整个事件的报道后，心里久久都不能够平静，也给了我研究“独生子女交际能力阶梯培养”带来很大的启发。

事件的主人公是小学五年级一个12岁的男孩，他来自农村，随父母打工来到城市上学，家里较为贫困。男孩是一个聪明的孩子，作文写得特别好，在他的作文中有这样一些句子：“我是这个世界上独一无二的存在，是独一无二的奇迹！”从这些语句中可以读出，虽然家里比较贫困，但他是一个十分自信的人。他很多的作文还曾被老师拿到课堂当范文讲评。在同学们的眼中，他是一个优秀的同学，同学们这样评价他：“他超厉害的”“他说话幽默，喜欢运动，每次考试都是前几名”……

然而，那么一天，不幸的事情发生在了这个优秀男孩的身上。这天，男孩在学校运动的时候不小心将自己的眼镜弄碎了，这个眼镜是爸爸用了半个月的工资为了奖励男孩的学习成绩优异而买的，对他们家来说，这也算是一件比较贵重的物品。

眼镜摔碎后男孩心里本身就比较内疚，可是当男孩回到家后，还遭到了妈妈不间断的数落。妈妈看到男孩的眼镜碎了，二话不说就揪着男孩的耳朵说：

“你怎么这么不懂事呢，让你看好自己的眼镜，你不知道咱家穷啊！”

“都十几岁的人了，饭都白吃了，长个头是干啥用的，猪都比你聪明。”

“你眼睛不好，耳朵也坏了？怎么就听不进我说的话呢！”

……

妈妈的数落长达半个多小时，男孩一直流着眼泪低着头，一句话也没有说，随后跑进了卧室。

在这种情况下，男孩的心理会发生很大的落差，因为他在学校里被老师夸奖，让同学赞扬、羡慕，而现在却被母亲数落成这个样子，心中肯定会感到委屈，自尊心必然受到了很大的影响。

之后，在吃晚饭的时候，男孩因为难过没有出来吃饭，妈妈见叫了孩子好几次出来吃饭都不出来，顿时火冒三丈，冲进屋子再次揪住了男孩的耳朵，把男孩拉到了饭桌上愤怒地说："眼镜弄坏你还有理了？怎么饭都不想吃是吧，不吃饿死你！"

随后，不幸的事情发生了。一个小时后，男孩趁妈妈不注意，一个人跑到了出租房的7楼，从7楼跳了下来……

就这样，一个少年的生命结束了，他给父母留下了永远都抹不去的痛，给我们的教育方式再次沉痛地上了一课。事后，男孩的妈妈在媒体面前泣不成声地说，因为家里比较贫困，看到孩子将眼镜摔坏后很生气，就骂了孩子，心想孩子还小，骂几句应该不会放在心上，谁知会……

事情发生后，在社会上引起了很大的震动，教育界知名人士及各大媒体都对该事件进行了深刻的分析与研讨，大多都集中在孩子心理教育与父母教育方式方面。我觉得，除了以上两个方面外，与孩子的自尊心与交际能力也有很大的关系。

首先，孩子的自尊心是由一个低层次向高层次发展的过程。而该男孩处在12岁，自尊心是较为强烈的时候，特别是学校里被夸奖与家里被批评的反差，会让孩子的自尊心受到极大的伤害，而并非是母亲认为的"骂几句孩子也不会在意"。

其次，自尊心与交际能力未能共存。虽然良好的自尊心可以推动交际的提升，但它更多的是体现在个人素养上。当自尊心受到伤害后，不懂得表达出来，这也是交际能力的缺失。假如该男孩在受到父母指责的时候，能够说出心中的委屈与不悦，告诉父母心中的想法，也许，最后就不会出现这样的悲剧。

在培养孩子自尊心方面，我们老师或者父母需要明白孩子自尊心的发展过程，因势利导，注意升华孩子的自尊心，并能够与交际培养相结合。

让“爱”把交际变得更简单

爱是一件非常美好的事情，它是一种感受，一种追求，一种信仰，更是人际交往必备的一种元素。一个不懂爱的孩子会变得自私，而一个自私的人是永远不能够和他人友好相处、真心沟通的，因此，我们需要让孩子有“爱”，并懂得爱。

一、爱孩子，更要让孩子懂爱

春节大年初二，我们家里变得非常热闹，因为老人一直在我们家过，所以哥哥、嫂子、小舅等亲戚都带着孩子来我家里走亲戚，看望老人，爸妈更是笑得合不拢嘴。看着孙子、孙女、侄女走进门，爸妈热情地给他们分水果、糖果及一些零食。这时，这些小家伙的表现引起了我的注意，让我感到很有意思。

刘慧是我哥哥的女儿，今年5岁，只见她接过奶奶手中的糖果礼貌地说：“谢谢奶奶。”母亲高兴地说：“这孩子，越来越懂事了。”

王佳是我表姐的女儿，今年4岁，只见她并不主动走近奶奶，显得很腼腆也似乎很不好意思，她搂着表姐的脖子小声地对妈妈说着什么，这时表姐一边往果盘前走一边说：“这孩子，真没出息，吃糖还要我去拿！”

年龄相仿的两个孩子，表现却是大不相同，这对于大多数人来说很正常的事情，却让我在心中不由自主地分析起来：我哥哥在市区一家事业单位工作，嫂子是一家私营企业的财务，孩子一直在市区长大。表姐一家在一个镇上，孩子在镇上一家幼儿园上学。我想，两个孩子不同的交际能力表现，除了地域成长环境的不同外，与父母的教育应该也有很大关系吧。但后面发生的一件事情，让我更加明白了造成这种现象的原因之一。

明明是我大姐家的孩子，今年快5岁半了，在这几个小孩子属于最大的一个。我母亲给了他两个苹果，一个较大，色泽鲜艳；一个相对比较小，苹果的颜色不是那么的漂亮。当然，不可能有一模一样的苹果，母亲也是随手拿的。母亲给明明两个苹果的意思是让明明自己吃小的，把大的给他爸爸。明明拿着两个苹果走到爸爸身边，让我们意外是，他把小苹果给了爸爸，自己留下了大苹果。明明爸爸微笑着接过苹果说："我就知道这小子没良心，肯定给我小苹果。"虽然是一句责备的话，但却充满了对明明的爱与自己心情的愉悦。

这时大姐也微笑着说："这孩子聪明着呢，知道小苹果不好，没有大苹果甜，所以把小苹果给了爸爸。"

大家看到此一幕，也随即附和道："到底是长大了，心里跟明镜似的。"因为我一直在研究孩子交际能力的培养，所以自然地分析起了孩子这么做的原因，我半开玩笑地说："明明既然知道小苹果不好，为什么不把大苹果给爸爸，而是把小的给爸爸呢？"

大家似乎被我问住了，但我母亲马上说："你看你这孩子，明明那么小，他知道啥啊，我看你是当老师当傻了！"

大哥也开玩笑地说道："我看你职业病又犯了吧！"

随后，大家开始微笑着讨论别的事，这件事情也就这样过去了。

事实上，孩子在这个年龄段出现这种情况并不是什么好的征兆，也不能说明孩子就一定聪明，这是对他人缺少“爱”的一种表现。

孩子始终要走向社会的，所以我们拿成年人进行分析。在人际交往中，如果你不懂得去关心他人、爱护他人，甚至连最起码的语言关心都没有，那么就一定不会赢得他人对你的信任，你也一定不会有知心的朋友，别人在与你交际的过程中也会处处提防。这样，你的社交关系网就会大大缩小，生活、事业必然会受到限制。

其实，对于孩子来说，他们是没有错的，他们并不知道什么是“爱”，如何爱别人。他们的做法也是直白的，心里怎么想就会怎么做或者怎么说。因为有些事情他们并不知道是对的还是错的，他们判断对错的标准往往来源于生活中父母、老师对他的肯定、表扬、否定、责备、批评等。也就是说，在生活中父母会在不知不觉中影响孩子对某些事物的判断。比如明明把小苹果给了爸爸，如果我们微笑着接受，并夸孩子聪明，孩子就会觉得这样做是对的，因为他的做法让父母及长辈高兴了。为此，他以后还会这样做，随着年龄的增长，必然会影响他的交际能力。

因此，我们在爱孩子的同时，需要培养孩子如何爱他人。就明明这个年龄，已经走入幼儿园，可以自己去超市买东西，有些孩子甚至可以独自坐公交车了，与社会有了一定的接触，正是交际能力转型培养的最佳时期，所以，需要适时地培养孩子的“爱”。如果我们不但不纠正孩子的这种思想，而且去鼓励、纵容这种思想的成长，必然会影响到将来他与他人的交际。

二、有“爱”的孩子人人爱

为了进一步证明“爱”对孩子交际能力的影响，我做了这样一个实验，对随意挑选的三个孩子进行了问答测试。因为我是教小学的老师，孩子年龄偏大，根据我的“阶梯培养”计划，培养他们的“爱”有点晚，所以我选择了幼儿园大班四五岁左右的孩子。我去一些幼儿园向老师说明了我的目的，老师也非常地支持与配合。

我测试的流程是对几个孩子分别单独提问同一个问题，并且是在老师办公室，只有我和孩子两个人，目的是避免受到其他孩子的影响。然后向老师、孩子咨询几个孩子的交际情况，根据测试的结果与向老师、孩子咨询的结果对比，得出结论，几个孩子都是我随机选择的。

第一位测试的小朋友叫乐乐，4岁半，是一个开朗活泼的小朋友。我问乐乐：“如果有一天你上幼儿园的时候，中午大家都在吃苹果，而有一个小朋友没有苹果，你会不会把你的苹果分给他呢?”

乐乐睁着大眼睛看着我，想了一会儿问道：“那他为什么没有苹果呢?”

小家伙问题还挺多！我说：“因为老师买的苹果不够，所以就没有分给他呀!”

乐乐想了想，皱着眉头接着问我：“那他是我的好朋友吗?”

看到乐乐不情愿的样子，我启发性地说道：“这个小朋友平时总是一个人玩，所以他的朋友很少。现在别的小朋友都有苹果，只有他没有，你会把你的苹果分给他吗?”

乐乐为难地说：“分给他我就没有了，不过我可以把我的苹果分一半给他。”

这个回答倒出乎了我的意料，我想孩子只会说给或者不给，没想到乐乐会分一半给其他小朋友，这说明乐乐是一个有爱心的孩子。

第二位测试的小朋友叫刘洋，是一个5岁的男孩。我向他问了同样的问题，我问刘洋：“如果有一天你上幼儿园的时候，中午大家都在吃苹果，而有一个小朋友没有苹果，你会不会把你的苹果分给他呢？”

刘洋说：“我把苹果给他我吃什么呢？”

我想到了小朋友乐乐的回答，还是启发性地说：“你可以分一半苹果给他啊，这样你们就都有苹果了。”

刘洋歪着脑袋，眼睛不断地在闪，似乎在认真地思考，想了一会儿说：“不行，这样我就比其他同学的苹果少了！”

我说：“那个小朋友多可怜啊，你们都有苹果吃，唯独他没有，你说是不是！”

刘洋说：“我不管，我给他我就没有了。”

第三位测试的小朋友叫彬彬，也是5岁。我向他问了同样的问题，彬彬说道：“不行，我妈妈不让我随便给人家东西的。”随后便跑出了办公室。

显然，后两个小朋友的“爱”还没有被开启，他们对“爱”还没有一个正确的认识与理解。

随后，我进行了实验的下一步，向老师及小朋友询问关于这三个孩子在学校的交际情况，总结如下。

乐乐：据老师说乐乐是一个活泼开朗的孩子，几乎和园里所有的小朋友都能够玩在一起。在问到小朋友对乐乐的喜欢程度时，5个孩子中，有4个孩子经常和乐乐在一起玩，而且比较喜欢和乐乐玩。有1个孩子不经常和乐乐玩。

刘洋：据老师说，刘洋是一个比较调皮的男孩子，经常和其他小朋友闹矛盾。在问及小朋友对刘洋的印象时，5个孩子中，有2个男孩子经常和刘洋一起玩，1个男孩和2个女孩不太喜欢刘洋。

彬彬：据老师说，彬彬是一个内向、腼腆的孩子，不太与人说话。而在随机问到的5个孩子中，有4个对彬彬没什么印象，有1个因为和彬彬上课时经常坐在一起，较为熟悉。

从这次实验中，我得出了这样一个结论，孩子的“爱”与孩子的交际能力有间接的关系。客观地说，在这三个孩子中，最惹人喜爱的就是乐乐，尽管他没有那么大公无私地说将整个苹果都给别人，但是他提出要分给他人一半，这说明他不仅有爱，而且是一种非常理智、公正的爱。也正是这样的爱，他的人缘是最好的，很多小朋友包括我自己才会更加喜欢她。

没有一个人可以独立存在于这个世界之上，因此，不管是老师还是父母，都有必要、有责任、有义务培养孩子的交际能力、同情心，从小培养孩子的正能量，并懂得传播这种正能量，让孩子有“爱”且懂得爱，做一个人人都爱的孩子。

三、聪明的孩子需要聪明的“爱”

我对这件事情印象非常深刻，发生在我还没有研究“孩子交际能力阶梯培养”课题之前。那天，我们高中几个比较要好的同学聚会。好多年没见，大家都非常高兴，同学张敏做东请客。因为这天她老公上班去了，张敏4岁的孩子希希幼儿园放假，所以她带着孩子和我们一起吃饭。希希是一个可爱的男孩子，也是一个聪明的孩子。听张敏说，孩子现在都会背很多唐诗与英语单词了，老师说在幼儿园他是最聪明的一个。为此，夫妻二人都十分

宠爱希希。

我们随便点了几个菜，然后将菜单给了张敏，张敏刚要点菜，希希指着菜单上一个鱼翅说：“我要吃这个！我要吃这个！”我们一看，这一份鱼翅要380元，一位同学忙对希希说：“这个不好吃，里面有很多刺，我们吃别的好不好？”朋友正说着呢，只见希希开始用手打妈妈的肩膀，并伴随着哭闹。

我急忙说：“希希，你不能打妈妈哦！”这时张敏微笑着说：“没事，这孩子经常这样，一不高兴就打我，拉都拉不住。”最后，妈妈还是要了一份380元的鱼翅。

一会儿，服务员开始上菜，鱼翅也端了上来。为了让希希满意，张敏还嘱咐服务员放在了希希的旁边。希希看到鱼翅后，先是一愣，然后又开始哭闹着说：“这不是我刚才要的菜，和这上面画的不一样。”张敏一看确实和菜单上的图片不一样，于是质问服务员：“对啊，你这怎么和菜单上的不一样呢？”

服务员忙解释说：“菜单只是一个参照，这个无法保证和菜单的图片一模一样，但是味道肯定是一样的。”

“那你也得说清楚啊，你看让我们家孩子哭的！”张敏有点生气地说。

服务员这时也显得很无奈。

这时，希希还在闹，张敏说：“别哭了，你看看妈妈都已经说服务员了，下次一定给你做更好的好不好。”

……

就这样，这顿饭因为孩子的哭闹，大家都吃得索然无味。

作家毕淑敏曾经说过这样一段话：“在前所未有的爱意中浸泡的孩子，面对父母无数次爱意的微笑及善意的谅解，他会变得更加飞扬跋扈，不懂得如何去爱别人。”毋庸置疑，希希确实是一个聪明的孩子，可是聪明中却缺少了“爱”，这将是孩子最大

的遗憾。因为一个再聪明的孩子，如果他没有爱，不仅交际能力会受到影响，而且还会闯下弥天大祸。这样的例子在我们身边很多很多。

有的孩子在幼儿园时非常聪明，是同龄孩子中的佼佼者，比如在3岁的时候就能够背几十首唐诗，说几十个英语单词，4岁的时候就能够讲一些句子完整的英语，5岁的时候就会加减乘除，是众人眼中的“神童”。可是上了小学之后，成绩却变得不理想了，适应能力差，不能与小朋友合作，独立学习的能力也比较弱。究其原因，就是没有较好的独立能力和交际能力。而导致这两个能力低下的原因是过于宠爱，而没有培养孩子如何去“爱”。加之上了小学以后，处在一个陌生的团体中，这种现象就会更加明显。

爱是一种美好的东西，同时也是一种高尚的情操和能力，让孩子懂得爱，会让孩子更加健康、快乐地成长，会让孩子更容易融入到社会这个大家庭中。

走入社会必知的交际技巧

作为老师，和小学生待的时间久了，经常会发生一些有趣的事情，但是，有趣的背后经常会暴露一些教育的缺陷。

那一年，我带小学一年级，期中考试刚刚结束。这一天，我根据学生们的分数进行了排名，并在教室从第一名到最后一名进行了宣读（事实证明，这种做法是不对的，尤其是当着学生宣读排名，很容易伤害排名靠后学生的自尊心），然后将评阅过的试卷发了下去，让同学们对自己做错的题目进行再次修改。

课间的时候，我正在办公室整理资料，突然有个同学跑来说："刘老师，王冲同学哭了！"我问："为什么哭啊？"这个同学说他也不知道。于是，我急忙来到教室，看到王冲趴在桌子上，两只手在脸下面压着，好像还在伤心，周围有一些同学还在不断地安慰他。

我问周围的同学是怎么回事，有一位同学说："我们也不知道他为什么会哭，只知道他考了班里的最后一名。我们看到他心情很不好，然后我们就过来安慰他。"

"安慰他，那他怎么会哭呢？"我问道。

这时，班长张亮站出来说："老师，都怪明明和李浩。我们在安慰王冲的时候，明明和李浩一直在旁边讨论自己上次考试考得多好，这次差一点考入了前十名，这才使王冲更加难过的。"

张亮比其他孩子稍微大一点，很懂事，与其他同学的关系都很好，所以，我让他做了班级的班长。显然，张亮的分析很有道理，问题的原因很明白。

但这时，明明不服气地说："我和李浩也安慰他了，只是我们安慰之后讨论了一下考试成绩而已，老师，这不是我们的错。"明明说话的时候显得很委屈。

当然，这当然不是明明和李浩的错，而是我们老师和父母的错，因为我们没有让孩子明白：当好朋友伤心的时候，当安慰他人的时候，是不可以谈自己得意的事情的。对于我们大人来说，这是一个非常重要的交际技巧；而对于孩子来说，他们太小，肯定理解不了。但是当孩子能够正常语言交流的时候，我们有必要向其灌输这样的技巧，让孩子提早明白，为步入社会做好准备。

类似于这样的技巧还有很多，下面我将一些重点技巧进行一下罗列。

一、遵守时间，严守信用

遵守时间、讲信用是我们成人交际的根本，少了这两个因素，我们的交际能力就会下降一大半。对于孩子来说，他们还不是非常理解这两个因素在人际交往中的重要性，因此，我们需要运用一些方法引导，让孩子知道遵守时间、严守信用是多么的重要。

我班里有一个男孩子叫浩浩，原先学习非常好，有些科目总能够拿到100分，可最近一段时间变得非常调皮，不是在上课的时候随意走动就是在课间欺负其他同学。为此，我每次都对他讲清道理，告诉他这样做是不对的。这时，他都会答应我说："我知道了，下次我不那样做了。"

可是，没过几天，原先的那些毛病重新又犯了，又开始在课堂上随意走动，课间依然欺负其他同学。很多同学因此都不喜欢和他一起玩。有一次，他又欺负了其他同学，我想这次一定要好好地教育他，可又想：到底是什么原因让这个孩子保证过不再犯的错误一次又一次地犯呢？于是，我将他单独叫到了办公室。

我问他："浩浩，你上次可答应过老师不再欺负其他同学的，为什么这次又欺负蓉蓉呢?"

浩浩低着头没有说话，似乎意识到了自己的错误。但是，我觉得如果这次不弄清楚浩浩心里的想法，找到解决的办法，下次一定还会再犯的。

我继续说道："老师告诉你，答应老师的事情如果没有做到，就是不守信用。不守信用在电视里面可都是坏人，你愿意做坏人吗?"

浩浩抬起头想了想说："那我爸爸也是坏人，因为他也不讲信用。"

我感到很奇怪，孩子怎么会说自己的爸爸不讲信用呢，我接着问道："你爸爸怎么不讲信用了?"

浩浩理直气壮地说："我爸爸说等我考了100分要带我去游乐园玩的，但是上上次我考了100分，他却说自己没时间，下次带我去，所以我爸爸也不讲信用。"

听到孩子这么说，我一时也无语了，不知道怎么和浩浩沟通，如何让浩浩知道不讲信用是不对的。我不能说"爸爸工作忙所以才不讲信用"，也不能讲"因为爸爸是大人所以才不讲信用"，最后我只能告诉浩浩："爸爸上次不讲信用，下次一定会讲信用的；你也要一样，这次一定要讲信用哦!"

随后，我和浩浩的爸爸进行了沟通。浩浩爸爸是一个很开明的人，也马上意识到了自己的不对以及对孩子的影响，最后我和浩浩爸爸约定下次孩子考取100分后一定要带孩子去游乐园。通过我和家长的共同努力，浩浩的学习也越来越好，一次考试中考取100分，浩浩的爸爸也履行了自己的诺言，浩浩以前的一些毛病也没有了。

遵守时间是严守信用这个原则中的一个重要因素，著名教育家马卡连柯曾说：“任何孩子从小时候起，都应该受到遵守时间的训练，清清楚楚地给他们画出行动的范畴。”我们成人都知道，失约或者迟到是交际大忌，通常都需要提前10分钟赶到约定地点，这是对对方的一种尊重。如果迟到，就会让对方对我们失去信任，影响接下来的沟通。用类似的方法，在生活中让孩子感受到遵守时间的重要性，也是对交际能力的一种提升。

二、学会宽容，懂得体谅

宽容与体谅同样也是我们大人交际技巧中的重点。适当地宽容对方，体谅对方的难处，总会赢得对方的好感。比如在商务礼仪上，站在客户的角度体谅对方的问题，能够适当宽容对待客户的一些行为，那么，与客户之间的合作、签订协议的可能性就会更大。如果您是从事营销销售工作的父母，这一点相信您一定深有体会。

有一些具体的方法和技巧我们可以适当采用。

作为老师，我在与某个孩子单独沟通的过程中经常会夸赞班里的其他同学，尤其是一些学习不好、调皮的孩子，告诉学生那些孩子的优点，让学生觉得老师并不会因为他们学习不好、调皮就不喜欢他们，他们也有可取之处，从而影响孩子的宽容之心。

作为父母，对孩子的宽容培养有很大的影响。当孩子与其他孩子产生矛盾时，父母应该先了解情况。如果是自家孩子的错，那么就应该主动带着孩子去认错，不要认为这样会降低孩子在其他小朋友心中的地位，相反，这正是对孩子宽容之心的培养，也是一种素养的提升。如果错在对方，那么就客观地分析矛盾产生的原因及解决、避免的方法。我在走访一些农村家庭的时候，经常听到父亲这样教育孩子："在学校不能惹是生非，不能主动打人。如果别人打你，你才能打他。"这种方式只会影响孩子在学校人际关系的处理。

因此，有宽容之心更能赢得他人的好感，更有利于与他人的沟通交流。

三、尊重对方隐私

孩子成长到一定的年龄段后，就会产生保护自己隐私的心理。一些关于自己认为隐秘的事情，他不会告诉别人，也不希望别人询问，总会刻意地进行保护。特别是在小学到初中这个年龄段，孩子这种保护自己隐私的心理是最明显的时候。比如孩子会把自己的日记本藏起来，不给任何人看。这一点我深有体会，因为我同事的一个孩子和妈妈之间就发生过类似的事情。随着年龄的增长，保护自身隐私的心理会更加强烈。如我们大人一样，如果有人问突然莫名其妙地问自己一些隐私的事情，我们就会觉得对方特别没有礼貌。下面我来说一个我同事和她女儿之间的事情。

同事张老师有一个女儿叫萌萌，今年刚上初一，那一段时间张老师发现萌萌总是把自己的东西锁在自己卧室的抽屉里，她感到很好奇。有一天萌萌出去玩，张老师发现女儿抽屉的钥匙就放在桌子上，张老师好奇地打开了女儿的抽屉，发现里面放着一本笔记本，打开一看，里面是女儿写的日记、小诗、对某明星的感受等，张老师觉得也没有啥，于是又随意放回了抽屉。

萌萌回来后，发现自己的东西被人动过了，大声地说："你们偷看了我的东西?"

张老师不以为然地说："啥东西？不就一本笔记本嘛，又不是多么宝贵的东西!"

萌萌生气地说："这是我的东西，你们凭什么看!"随后，一声不响地将自己锁在了屋子。吃饭的时候妈妈也没有将女儿叫出来，为此，萌萌一个星期都没有和妈妈说过话。

张老师对我说，她没有想到事情会这么严重，搞不懂孩子是怎么想的，小小年纪都学会保护自己的东西了。

可能张老师不知道，一本简单的日记对于她来说确实不算什么，可是对于女儿来说可就是天大的事情，因为，孩子在这个时候已经有了保护隐私的心理。

试想一下，父母知道了萌萌的隐私她都会这么气愤，如果是同学或者陌生人知道了她的隐私她会多么的生气。换位思考，如果我们无意间问到了对方的隐私，首先对方会显得比较尴尬，其次，他会觉得你没有礼貌，和你不太好沟通，在以后的交往中他会躲避你。因此，告诉孩子，不可随意询问对方的隐私，是走入社会必备的社交技巧。

四、懂得分享，懂得给予

这一点在孩子很小的时候其实就应该开始培养，我在前面也已经有所涉及。比如孩子在未上幼儿园或者上幼儿园的时候，让孩子能够与其他小朋友一起玩自己的玩具；能够把自己的好吃的分给其他小朋友一些。

随后，我们需要将这一种"分享"进一步延伸，与社会交际

沟通联系起来，比如在与对方沟通的过程中，讲一些大家都感兴趣的话题，不说对方不懂的话题。一方面，可以避免沟通过程中给予对方的尴尬；另一方面，可以提升对方的谈话兴趣，有利于交际的良好进行。

我经常见到班里有这样一种现象，在谈到游戏“三国杀”的时候，一群小朋友聚在一起讨论，兴高采烈。当谈到体育运动的时候，又是另一群小朋友聚在一起讨论，依然是兴高采烈。对于这种情况，想要让孩子有更广泛的交际圈，在孩子成长的过程中，我们要告诉孩子，在对方不喜欢你感兴趣的话题的时候，要找一个大家都喜欢的话题来沟通。

告诉孩子六不要

在孩子上幼儿园或者小学后，他的接触面会逐渐增大，接触的人及事物也会越来越多。尤其是在上了小学之后，由于种种原因，与社会会有更多接触，而且是迫不得已，比如与老师沟通时需要注意些什么，家里来妈妈的朋友时该如何交流，与陌生同学交流时如何给对方留下一个好的印象等等。为此，我们需要培养孩子一些与社会接轨的交际技巧，也就是说渗透培养一些我们成人也需要注意的交际技巧。根据孩子的特点，我把这些技巧总结了六条，下面一一进行阐述。

一、不要随便打断他人的谈话

我在走访各个家庭的时候，经常会发生这样的事情：我正在和父母交流孩子的教育问题，而且聊在兴头上时，总有一些孩子突然会喊道："妈妈，我要吃……""爸爸，你把我的书放哪儿了？""妈妈，我们出去玩好吗?"等，于是，我们的谈话就会被无情地打断。当妈妈处理完孩子的要求之后，我们又得重新理清头绪，开始沟通。说实话，每当我遇到这样的事情的时候，如果是三四岁的孩子打断了我们的谈话，我心里一点怪怨都没有，有的只是内心的不安和不好意思，因为我觉得我打扰了孩子的生

活，让他感到了不舒服；而如果是五六岁的孩子，我就会产生一种讨厌的心理，不知道为什么，觉得孩子很没有礼貌。

但事情过了之后，仔细想想，孩子没有错，有错的是我们大人，因为我们大人在孩子该有的年龄段忽视了该培养的交际技巧。我相信每一个人都有这样的心理，如果孩子再大一点，七八岁的时候还这样打断你和大人的谈话，你肯定会觉得孩子很不懂事。

因此，孩子在五岁之前，我们就应该告诉孩子，在别人谈话时，不要随便打断他人的谈话，并告知这是一种不礼貌的行为。

二、不要冷落其他小朋友

一个懂得交际的人，通常都会有很好的号召力，总会带动整个群体的气氛。就拿我们办公室张老师来说，每次我们自费聚餐，不管是新来的老师还是在本学校工作多年的老师，不管是善于沟通还是不善于沟通，他都能够照顾得很周到，都能够让每一位老师参与到某个话题当中。因此，每次聚餐有他在，气氛必定很活跃。每次聚餐，我们也必定叫他。

其实，张老师之所以会受大家的欢迎，主要是因为他不会冷落任何一个人，就算你是一个不善于沟通的人，他也会想办法让你参与到活动中来，感受到乐趣。同样，孩子到了一定年龄段后，也需要培养这种能力。比如在学校和朋友一起玩的时候，对于站在边上只看不行动的同学要主动邀请其一起参与，对于经常躲在角落里默默无闻的同学要主动与其交流，这样，这类同学就会让别的孩子产生好感。将来步入社会，他也会像张老师一样，成为一个受大家欢迎的人。

三、不要说大话、谎话

这里的“说大话”有“吹牛”、谎话两个方面。有些孩子受大人或者周围环境的影响，有时候会说一些谎话，而且在初期，我们很难发现。因为在我们的眼里，孩子总是天真无邪的，他们不会说谎话，他们说的每一句话，我们都会认为是真的。但随着孩子年龄的成长，理解、认识能力的不断提高，受他人因素的影响，他们总会试着去说一些谎话。

记得我在上小学四年级的时候，因为家里是农村的，一直没有去过离家20公里的城市，很好奇。于是有一天，我约了几个好朋友，早上出发去城市转了一圈，往回走的时候已经是下午四点多了。回来的路上我们几个都很担心，怕回家挨妈妈批评，遭爸爸打，于是我们商量回家说谎，就说老师带我们去植树了。回家后父母听我们这样说，果然都信了，没有责备我们，但最后还是让父母发现了。

我说这件亲身经历的事，是想说明孩子为什么会说谎话。根据我的经验，通常他们都是在担心、恐惧、害怕的状态下说谎的，而说谎会养成不良的沟通习惯，影响孩子的交际能力。因此，我们需要给孩子一个宽松的环境，不要去恐吓、吓唬孩子，比如“作业做不完就不给你饭吃”“再不好好学习我就把你送给别人”等，这都是不对的。我们不可给孩子太大的外在压力，要让孩子对我们产生足够的信任，并告诉孩子，不能够说谎话。

大话往往产生于一种攀比心理，比如有的孩子说“我爸爸是几级工程师”、“我们家住着多么大的房子”等，很多孩子都有一种好胜心理，总希望得到其他小朋友的关注，于是，在自己做不到的前提下，他就会说一些大话来满足这种心理需求。这种行为

在交际中，会让对方有相形见绌的难堪，不利于交往。所以，告诉孩子实事求是说话，看到什么就是什么，会让孩子更有人缘，也能为将来步入社会的交际打好基础。

四、不要呵斥其他小朋友

孩子们在一起玩，难免会出现一些矛盾，这时有的孩子就会大声地呵斥对方，证明自己是对的，要让对方听自己的。当然，孩子呵斥他人也是受外界影响的，比如电视上面的吵架、父母之间的呵斥等等。如果孩子第一次使用这种方法达到了目的，那么，以后在与小朋友的交流中他会将这种呵斥延续。也许孩子小的时候不会感到什么，但是随着年龄的增长，孩子会慢慢地被他人孤立，因为呵斥会伤害对方的自尊心，没有一个人愿意听别人的呵斥，这对孩子的交际是非常不利的。所以，孩子在上幼儿园之后，要慢慢地向孩子灌输：呵斥别人是不对的。

五、不要做不礼貌的动作

在我教学的过程中，有些孩子总有这样一些习惯，比如有的孩子的作业有一些问题，我会把他们叫到我办公室进行一对一的沟通。在沟通的过程中，有些孩子可能是由于紧张、性格内向等方面的原因，一边和我说话，一边用手拉自己的耳朵；有的孩子还会轻挠自己耳朵两边的头发。如果孩子在小的时候养成这种习惯，一直会延续到大学毕业甚至更远。我曾经在电视上看过一期招聘节目，在几位老板问应聘者一些问题的时候，应聘者可能回答不上来，于是开始用手挠自己的头发，直到主持人告诉应聘者这是一种不礼貌的交际行为。

对于这位应聘者来说，他已经养成了这种习惯，并没有意识到这是不礼貌的交际行为。而我肯定，这种行为是在他很小的时候养成的。因此，对于孩子一些不礼貌的行为，比如谈话过程中打哈欠、挖鼻孔、抖腿，说话时眼睛东张西望等行为要适时地制止，避免在进入社会后影响个人交际。

六、可以争辩，但不可以说脏话

孩子之间或者孩子与父母之间经常会因为一些事情发生争辩，比如孩子和其他小朋友之间：孩子说："这个游戏是这样玩的，不是你说的那样!"其他小朋友说："不对，应该是这样，你的玩法是错误的。"孩子争辩道："我妈妈说……"孩子与父母之间：孩子要学骑马，于是对妈妈说："妈妈，我要学骑马。"妈妈说："不行，那太危险了，不能学。"孩子说："那邻居小壮为什么就能学呢?"

通常遇到这种情况，我们大人为了不让孩子与其他小朋友发生冲突，为了让孩子"听话"，会阻止孩子争辩的行为。其实，这种做法是不对的，孩子与他人争辩对于孩子来说是一件有益的事情，争辩有利于思想沟通，有利于达成共识，能够让孩子在以后的交际中更加有自信。汉堡心理学家安格利卡·法斯博士说："与孩子之间的争辩，对于下一代来说，是走上成人之路的重要一步。"

因此，我们不能阻止孩子的争辩，而让我最担心的是，孩子在争辩的过程中往往由于心急，会说一些伤害对方的话，甚至一些脏话，而且有的孩子还会动手推对方。这一点，我们老师和父母必须要注意把握度。

别让电脑“绑架”孩子的交际

电脑是时代进步的标志，是科技发展的产物，在当代信息如此发达的时代，几乎每个人都离不开电脑。可是对于孩子来说，有时候电脑也会影响他的交际能力。这是一个发生在甘肃兰州一个普通家庭中的真实故事。那一年，我和同事去兰州做调研，机缘巧合地遇到了这位家长，听说我们是做孩子交际能力调研的，于是，他迫不及待地向我们讲述了他们家孩子的事情。

一、迷恋电脑，让贝贝患上“社交恐惧症”

这位家长姓高，我们暂且称他为高先生吧。我们和高先生是在火车上认识的，那天我们在西安的调研刚刚结束，坐上了开往兰州的火车，准备对西北地区孩子的交际能力进行考察。由于从西安到兰州坐火车需要9个多小时，所以我们买的是卧铺车厢。正好，高先生和我们在一个车厢，上车后也没有什么事情可做，所以就闲聊了起来。

高先生是做电脑生意的，今年48岁，土生土长的兰州人。听到高先生是兰州人，这勾起了我很大的兴趣，因为他刚好符合我们调研的对象，心想，不如就随便聊聊吧。而高先生一听我们是老师，去兰州做“孩子交际能力”的调研，顿时像打了鸡血似的，也来了精神，这倒让我们很是意外。

首先，高先生拉开自己的公文包，从一个钱包里面取出了两张相片，问我们："你们看这两张相片有什么区别？"

同事拿过相片看了看说："这是同一个人啊，只是年代不同而已嘛！"

我拿过照片看，确实是同一个人在不同时期拍的照片，也许是职业病的问题，我仔细看了看说："这一张早一点的照片看起来不是很精神，眼神有点游离，也有点颓废。而这一张照片精神了很多，眼睛也有神了很多，怎么看着这么像你，这不会是您儿子吧？"

高先生微笑着说："眼睛真毒！这的确是我儿子，不过差点让我害了。"

我和同事更加好奇，接着追问是怎么回事。

高先生说，他和妻子是做电脑生意的时候认识的，结婚后就和妻子一起做电脑生意，后来有了儿子高贝贝。因为我们的工作都跟电脑有关，所以孩子在很小的时候就开始接触电脑，而且学得相当快。不知不觉中，贝贝在3岁的时候，就能够自己打开电脑；在4岁的时候，就能够自己点击观看动画片、听儿歌了；在5、6岁的时候，贝贝就学会了上网，在网上转悠，甚至有时候还会自己去搜集一些感兴趣的信息。当时，刚开始我和老婆非常高兴，看到孩子没人教的情况学会了电脑，觉得贝贝是一个聪明的孩子，以后一定会大有前途。

同事听了很是惊奇，说道："孩子这么小就学会玩电脑了，真了不起，这孩子以后不得了！"

高先生继续告诉我们，起初他们也是这样认为的，夫妻俩因此而感到非常自豪，但是后来他们发现贝贝越来越不对劲了，有一次高先生早上出门的时候孩子在玩电脑，到高先生下午回来的时候还在玩电脑。高先生问了妻子后才知道，孩子整整玩了一天。后来有几次，妻子做好饭叫儿子吃饭，因为玩电脑，贝贝都不答应，而且一离开电脑，目光就会变得呆滞，无精打采的，就是我们看到较早的照片。

接着高先生和妻子发现，孩子沟通出现了障碍，说话容易结巴，而且害怕见陌生人，每次家里来客人，都会躲在自己的屋里玩电脑。后来孩子上了小学，开家长会的时候，老师告诉高先生，贝贝在学校整天低着头，不愿与同学们交流，也不和老师说话；班上举行集体活动的时候，也不主动参加，甚至会有意躲开。这时，高先生才意识到问题的严重性，马上带孩子去医院咨询了心理医生，医生说这是长期坐在电脑旁，缺乏与人沟通而造成的，贝贝得了轻度“社交恐惧症”。

高先生说到这儿的时候，我从他的表情中可以明显地感受到他的心有余悸。其实，在当代，类似于贝贝这样的孩子已经越来越多，因为过度迷恋电脑，造成了交际能力低下甚至性格上的缺陷。我们老师及父母必须深刻地认识到这一点。当然，对于这类孩子，并不是说他的交际能力就已经受到了限制，只要我们通过正确的方法引导，孩子照样可以拥有较强的交际能力，比如高先生的儿子。下面我们就来听听高先生是如何引导培养贝贝的交际能力的。

二、正确引导，贝贝交际能力提升记

听到高先生的孩子因为迷恋电脑而导致交际能力低下，我和同事都非常好奇，因为我们看到孩子后来拍的照片显得很开朗，显然交际已经没有了问题。所以我们很想知道贝贝最后是怎么改变的。

我急切地问道："从照片上看，孩子现在挺开朗，交际应该没有问题，不知道高先生是怎么教育的?"

高先生看我们都显得很有兴致，他告诉我们，孩子出现这种情况后，他和妻子都非常着急，于是就把家里的电脑搬到了公司，但是他们发现，越是不让孩子玩电脑，孩子越是想尽办法去玩，一放学就往网吧里面跑。

最后他和妻子想了一个办法，首先，他特意抽出一些时间带着孩子去外边玩，比如带着孩子打球，去附近的旅游景点，让孩子多看看大自然，有时候还会故意让孩子去小卖部买一些东西；在周末的时候约上贝贝叔叔家的孩子，开车带他们一起去农村老家玩，让他们在田野里狂奔、打闹。

"孩子会听你的和其他小朋友一起打闹吗?"我同事随即问道。

高先生说，刚开始的时候贝贝不是很愿意，但是时间长了贝贝就和叔叔家的几个孩子玩在一起了，孩子脸上的笑容也多了起来。

听到这里，我不得不佩服高先生是一位优秀的父亲，在孩子孤独出现交际问题的时候，能够洞察到孩子的心理，带着孩子去咨询心理医生，并专门抽出时间培养孩子的交际能力。也许你会说，这本来就是作为父亲该做的事情。但是，很多家长在孩子出现这种情况后往往不能够第一时间认识到，总以为这是孩子贪玩，过一段时间就好了。殊不知，正是这样，才耽误了孩子交际能力培养的时机。

我对高先生的做法表示了由衷的敬佩，但高先生还告诉我们，为了改善贝贝的交际能力，他做的还不止这些。随着孩子慢慢地长大，有时候他出去会见客户吃饭的时候还会带着贝贝，因为贝贝本身的电脑知识就比较强。当客户问及高先生一些电脑问题的时候，他就故意让贝贝帮他解答。客户听了之后，往往都会赞扬贝贝的聪明。这样，贝贝变得越来越自信，有时候还会主动与客户进行流利的沟通。

显然，这个时候，高先生的做法是在引导和培养贝贝的社会交际，这也是“阶梯”交际培养中“转型”的意义所在：让孩子慢慢地融入社会，在不知不觉中提高孩子社交能力。

随后，高先生向我们说了很多他培养孩子的做法，比如家里来客人的时候，刻意地让贝贝接待客人，陪客人一起交谈等。在学校组织的一些集体活动中，他每次都鼓励贝贝去参加，比如学校的足球赛、演讲比赛。高先生还让贝贝主动邀请一些班里的朋友来家里玩，并给予他们自由的空间。而且他还给贝贝重新买了一台电脑，但是贝贝并没有像往常一样迷恋电脑，他不再沉迷网络，性格也变得开朗了很多。

高先生家贝贝的故事讲完了。之所以要说这件事情，是因为我觉得现在有太多的孩子迷恋电脑，并因此而变得性格内向、孤僻，不善于交际，甚至表达能力都出现了问题。有些家长将孩子送到一些所谓的“戒网瘾所”这样的机构，这对孩子来说其实也是一种伤害。

如果孩子没有迷恋电脑的问题，那么我们需要采取一些措施预防；如果孩子已经有这样一些问题，作为父母以及我们老师也不要太过于担心，通过正确的方法引导，完全可以让孩子变得开朗，交际能力也不会逊于其他孩子。高先生家的孩子贝贝就是一个很好的证明。

安排孩子进行小“留学”

一次偶然的机会看到了电视节目《变形计》，这个电视栏目不仅让我看到了孩子的纯真，看到了感动，更让我感受到了培养孩子交际能力的重要性，也让我对培养孩子交际能力的技巧有了更深层次的认识。

一、《变形计》的启示

在2012年，湖南卫视推出了一档电视栏目《变形计》，栏目的主要内容是让大城市中的孩子与农村的孩子互换生活环境，然后观察孩子们的变化。

其中有一期叫《勇敢的心》让我印象很是深刻。在整个节目结束后，三个孩子性格、交际能力的变化，给了我研究“独生子女交际能力阶梯培养”这个课题很大的启示。下面我们先来回顾一下这期节目。

节目的主人公是三个孩子，分别是邓振东、赵玉龙和欧码。邓振东是一个生活在三亚的大男孩，读初二，喜欢跳舞，并且是那种阴柔的舞蹈，喜欢涂指甲油，在别人看来他缺乏阳刚之气。据老师反映，邓振东比较胆小，且爱哭。回家之后不是上网就是出去玩，当妈妈不让他出去玩在家写作业的时候，他就会和妈妈在语言上进行顶撞，并且心中充满怨恨。由于家庭原因，这个孩子的心灵变得较为脆弱。显然，他的社交能力也是缺乏的。

欧码是生活在广州的一个非洲男孩，他是一个害羞的男孩。当栏目摄像机对着他的时候，他用不是很标准的普通话说："不要啦！不要啦！不要啦，真的！"当小同学围观的时候，他总是显得很生气，大声地说："走开！走开啦！"当主持人问他："你不觉得他们很可爱吗？"他生气地说："哪里！我觉得他们不很可爱。"面对陌生人他会感到害羞，而且他不喜欢自己成为焦点。看得出，他并不是一个善于交际的孩子。

赵玉龙来自云南省金平县的一个村庄，家里比较贫困，父母每天都要下地干活，他回家就为父母做饭。他是一个勤劳、聪明的男孩子。在农村，他显得很活泼、开朗，并对去广州暂时地生活充满了向往。

欧码和邓振东来到农村赵玉龙的家里生活，刚来的第一天，欧码还是显得很害羞。当农村的爸爸妈妈迎上去的时候，他尴尬地躲开了。在栏目组对其进行摄像时，他依然用不是很标准的普通话说："不要啦！不要啦，真的！"也许是因为不同国家生活习惯的不同，邓振东倒显得非常懂事，看到欧码一些不礼貌的动作，他总会积极地去指导。

随后，欧码便躲进屋子，直到晚上吃饭的时候也没有出来。邓振东懂事地把饭菜弄在碗里端给欧码，并叫其出来与赵玉龙的爸爸妈妈打招呼，但欧码依然坚决地拒绝了，并用英语说："Shut up!"

欧码在赵玉龙的农村学校，有时候表现得很活跃，比如课间教其他同学学英语；而有时候却变得很害羞，比如在吃饭的时候一个人躲在教室不吃饭，还不准其他同学围观。

而邓振东却显得格外懂事，原先在家里的问题似乎一点也没有了，他变得包容，并主动照顾欧码。也许，与欧码相比，他找到了自己的优势及亮点，所以他会将这种优势表现得更加突出。

在学校中，欧码和邓振东因为教不教孩子舞蹈的事情而闹了矛盾，固执倔强的欧码一气之下跑回了家中。邓振东随后也追到了家中，可是两人沟通方式都出现了问题。邓振东用说教的方式对欧码说："你看人家小孩对你那么好，你教个舞蹈怎么了？"显然，欧码不喜欢他这种说话方式，很不领情。在邓振东等其他人的规劝中，欧码激动地说："教还是不教我做主，我说不教！"此后，因为邓振东的死缠烂打和欧码的火爆脾气，两人还大打出手。最后，在邓振东的道歉和赵玉龙的爷爷、奶奶劝阻下，两人才重归于好。

经过两个星期在山村的生活，邓振动和欧码走的时候非常开心，也很是依依不舍，与刚来这个村庄时相比变化很大。欧码不再那么害羞，邓振东也变得更加"男人"，更加坚强。

我们再来看看赵玉龙在广州的生活。赵玉龙坐着飞机来到广州欧码这个外籍家庭生活。他下飞机后，欧码一家人早已在飞机场等待。在机场出口，当欧码的爸爸主动与赵玉龙打招呼时，赵玉龙显得很不知所措，只是一直面带着微笑。

第二天，赵玉龙很早就起来了，欧码的大姐听到动静后也随即起床，帮赵玉龙收拾了房间。在客厅，欧码的大姐试图与赵玉龙聊天，可是赵玉龙却变得很沉默，然后独自走回了自己的房间。过了一会儿，欧码的妹妹主动过来找赵玉龙聊天，可没有找到话题，气氛依然很沉默，赵玉龙只是背对着欧码妹妹看着窗外，欧码的妹妹也无奈地走开了。

在吃早饭的时候，欧码的家人和主持人也是主动与赵玉龙沟通，可赵玉龙依然还是表现得很沉默和不自在，只是低头吃早餐。

从这里，我看到赵玉龙在陌生环境下交际能力还是比较弱的；而欧码的大姐和妹妹，她们的交际能力要强一些，因为她们都是主动找赵玉龙聊天的。

赵玉龙来到欧码广州的学校后，受到了热烈的欢迎。但这种欢迎仪式却遭到了外国同学马新的嫉妒，他认为他来的时候没有重大的欢迎仪式，而赵玉龙却有这么大的欢迎仪式，为此他心里感到很不平衡，表现得很不高兴。

在交际能力中，这种现象在很多孩子身上都会出现：看到别的孩子有比自己好的待遇，心中就会产生嫉妒的心理。当然，这种心理会影响与他人的交际。

因为赵玉龙在学校里面受到了很多同学的关注，马新如同我们中国一些独生子女一样，觉得很冷落、很孤单，于是他给妈妈打了一个电话。在电话中，他用俄语对妈妈说："妈妈，你下午必须要过来看我，班上来了个叫赵玉龙的孩子，学校为他举办了一个盛大的欢迎仪式，为什么我来的时候就没有？"并显得非常生气。当然，疼爱马新的妈妈很快带着饭菜来到学校看马新。

在体育课上，马新经常与其他同学发生冲突，因为他总是不遵守规则，比如在踢足球的过程中，当对方抢到球后，他会手脚相加去抢球。当其他孩子提出异议时，他便会大打出手。这与我们当下很多独生子女的情况很是相似——任性、娇惯、以自我为中心。

之前，欧码和马新住在一个宿舍，现在轮到马新与赵玉龙住一个宿舍了。在上课的时候，老师对同学进行了分组，赵玉龙和马新分到了一组。因为马新的汉语不是很好，赵玉龙积极主动认真地教马新说汉语。也许，赵玉龙如同邓振东一样，因为他与马新相比，看到了自己的优势及亮点，所以，他会主动地与俄罗斯小朋友马新交流，并认真地教他汉语。

马新从来没有吃过学校食堂的饭，而赵玉龙却积极、不厌其烦地劝说马新去吃饭，并亲自将饭菜端到了宿舍让马新吃。赵玉龙的表现显然与他刚来广州的时候很不一样，他不再是那个在欧码家里沉默不语的孩子了。

而在第一个星期五学校放假要回家过周日的时候，赵玉龙又发生了很大的变化。在校车上因为不习惯坐车而呕吐后，欧码的妹妹递给他餐巾纸，他却不理不睬。一方面，这是男孩子的一种倔强；另一方面，这也是一种交际意识的缺乏。在自己不舒服而得到别人帮助的情况下，首先要做的是感谢，而不是不理不睬。

两个星期后，在赵玉龙回云南农村老家的最后一天，他说得最多的一句话就是“我不敢想象”。与刚来欧码家里时相比，他脸上、行动上少了很多不适应和尴尬，能够与同学很好地沟通，能够与欧码的家人很好地相处。

二、独特的“小留学”

栏目《变形计》是一个大型的家庭互换生活活动，显然，它有助于改善孩子的性格，提升孩子的交际能力。但类似于这样的活动一般家庭肯定是难以做到的，它不适合于一般家庭。所以，我们可以用另一种方法来代替《变形计》的功能。

比如，两个熟悉的家长可以让孩子在彼此的家庭小住几天，孩子上学的学校则可以保持不变。这样，孩子到了一个陌生的家庭后，尽管不是一个人生活，但是他所面对的都是陌生人以及陌生的环境，在行为举止上就不会像在家里那样的放纵，如同赵玉龙来到广州一个非洲家庭生活，在一所新的学校上学一样。在家里，他会注意观察陌生家庭中各个人的表情与生活习惯，并在意自己的行为举止给他人造成的影响等，所以，他会自觉地严格要求自己。久而久之，他便会懂得在陌生环境下的交际方法，不知不觉中提高自己的交际能力。

《变形计》中三个孩子的生活互换，必定让他们将来的交际能力有很大提升。如果把《变形计》比作是“大留学”的话，那么，我所提倡的这种模式可以称之为“小留学”。

也许，有的家长不放心这种“小留学”的生活方式，担心自己的孩子在对方家里受委屈、受欺负，遭到不公待遇等，那么，我们可以给予孩子一定的交际权利，创造一些小的“留学”环境。

比如：有朋友来访时，故意让孩子一个人去接待，使孩子在日常生活中学习到的交际能力得到实际的发挥。在没有家长在的时候，这种形式会让孩子不得不为客户倒茶，和客人打招呼，与客人沟通等；在走亲戚的时候，试着让孩子一个人去，让孩子学习他人是如何交际、如何沟通、如何接待客人的；熟人生病，要探望病人的时候，试着让孩子一个人去，让孩子学习如何安慰病人、问候病人，也让孩子感受在有人看望病人时，病人如何对待他人等等。

在进行“小留学”方式培养孩子交际能力的过程中，对象尽量选择一些比较熟悉的人，比如家长最好的朋友，家里比较亲的亲戚，这样我们也不要担心孩子会因为招待不周而得罪他人。

提升
——强化扩展，提升交际能力

社交是一门复杂的学问，一句话、一个词、一个字、一个动作、一个眼神都包含着不同的意思与意义。但如何用呢？这是社交学一直在研究的课题。当然，对于孩子来说，这些东西确实过于复杂，也具有一定的难度，但是，为了能够让孩子更加适应当下的社会，我们需要将孩子的交际能力更加深化，更加具有社会性。

强化说话之外的交际方式

口头语言，也就是说话，在交际过程中起着不可替代的重要作用。但是良好的沟通方式并不是只有口头语言这一种，除了说话，还可以有其他的有效交际途径，比如肢体语言。强化说话之外的交际方式可以辅助语言更好地表达孩子的意思，同时还能拉近交际双方的情感距离，提升孩子的交际能力。

一、让孩子的面部表情丰富起来

人在说话时往往并不是只有嘴巴在动，人的眉毛、眼睛、面部肌肉等都会因说话者语言的内容和他所要表达的情感发生变化，形成相对应的表情。

面部表情在交际过程中是除口头语言外另一重要的沟通方式。它以面部五官为载体，可以最直观地表现说话人的喜怒情绪。例如，常见的“一脸灿烂的笑容”“眼睛乐得眯成了一条缝”“不高兴地嘟着嘴”“小脸儿拉了下来”等等，从这些描述面部表情的短语中，就可以让人很真切地想象出它们所对应的画面。

孩子的表情远比成年人要丰富得多。为了研究相关课题，我曾经在班级做过一个小游戏。内容是先在黑板上写出很多词语，比如“高兴”“伤心”“失望”“沮丧”“委屈”等等，同时我手中还有一叠写有这些词语的卡片，让某一个孩子到前面来抽卡片，然后通过面部表情表演他所拿到的词语，让其他孩子猜他的表情对应黑板上的哪一个词语。对表演者的要求是，不能使用口头语言。

这是一个相对简单的小游戏，而我之所以把它运用到教学中，一方面是为了帮助孩子们提高理解能力，另一方面也是为了让孩子对表情语言有更多的了解和认识。这不仅让孩子们在游戏中增长了知识，获得了快乐，也让我从中证实了表情语言在交际中的重要性。

在游戏过程中，胖乎乎的小胖抽出了一张写有“思考”的卡片。小胖面向大家站好，便开始表演了。只见他歪着头，斜看着上方，眉头微微皱起，两只小眼睛不时向上翻两下。其他同学都猜出了他表演的是“思考”，说他表演得很像。比较幽默的小胖表演完后，还特意向同学们挑挑眉毛挤挤眼睛以示感谢。其他的孩子都被他的表情逗乐了。

我在观察中还发现，孩子们在表现同一种意思时的表情并不完全一致，但是孩子们都能够准确地通过表演者的表情明白他所表达的意思。例如，当同学们被小胖的“表演秀”逗乐以后，有的同学张着嘴哈哈大笑，有的同学笑不露齿，有的同学眼睛弯成了一条缝，有的同学和身边的同学相视而笑等等，虽然他们表现不一，但都表达了开心，表达了对小胖表演的喜欢。

见孩子们玩得开心，我又临时提了个建议，让小胖试着面部肌肉不要动，来表现“思考”二字。小胖摆正姿势，板起面孔，眼睛直直地看着前方。我问其他同学他表演得像不像，同学们都说不像。小胖又把眼睛闭上，同学们还说不像。我又让他来表演别的词语，结果自然也都是不像。

通过这个小游戏，我让孩子们了解到了表情的重要性，在人际交往的过程中，表情的配合往往是必不可少的。有时候我们可以不用口头语言，仅仅用面部表情就可以传达意思，进行良好的沟通。但是如果面无表情，板着脸或者只有一个表情，没有任何变化的话，其他人不仅难以明白你的真实意思，还会觉得你不够亲切，难以相处，从而对你疏远。

构成面部表情的因素有眉、眼、鼻、嘴以及面部肌肉，它们相互配合可以组合出一万种以上的表情。而在所有的面部表情中，笑是最具有代表意义的。

笑容在交际中的作用不言而喻，孩子纯净的笑容会让人感觉到阳光般的温暖，所以，爱笑的孩子总会更有人缘儿，更容易在交际中获得成功。两个小朋友见面，首先要以笑容来表达礼貌和开心。在交流的过程中，也会经常用笑容来表示对对方的喜欢，表达内心的高兴。

笑容会牵动脸上的每一个部位，所以，在笑的时候，要让孩子注意脸上的各个部位是否配合好了，可以礼貌性地微笑，可以开怀大笑，还可以轻声地笑。但是有些笑却是要注意避免的，例如，有的人皮笑肉不笑，显得很僵硬；有的人眼睛里没有笑意，显得不真诚；有的人笑着时眼神却是游离的，显得心不在焉等等。

除了笑容，我们还常常用到表示鼓励、同情、佩服、自豪、自信等等的面部表情。

以考试为例。马上要考试了，一个小朋友心情却很低落，因为他担心自己考不好，这时你在用口头语言给他打气时还要让他看到你鼓励的表情，帮他增强信心和勇气；当小朋友因为生病在考试中没有发挥好时，你需要在安慰他时用到同情的表情，如果表现出幸灾乐祸，那你可能就要失去一个朋友了；有的同学成绩考得特别好，那么你要在祝贺他时结合以佩服的表情等等。

总之，在人际沟通中，除语言之外，需要教会孩子如何运用表情向对方传达自己的意思，以让对方更加明白你所要表达的是什么。

二、肢体语言作用大

常常看到有的孩子“手舞足蹈”，有的孩子高兴得“跳了起来”，有的孩子亲热地“拉着”小朋友的手，见面时招手打招呼，离开时摆摆手再见等等，这些动作其实都属于肢体语言，也是人际交往的一种表达方式。

肢体语言通过肢体的各种动作来表现，是交际中重要的沟通方式。孩子年龄小，对事物认知有限，有时口头语言应用得不太熟练，常常不知道该用什么样的词语比较恰当，而面部表情又只能表达某种情感，不足以描述一件事情，形容一个物品，这时肢体语言就显得很重要。

妈妈周末的时候带甜甜去公园坐了摩天轮。甜甜是第一次体验摩天轮，觉得很刺激，很开心。周一的时候，见到了小朋友，甜甜就和小朋友分享起了她的快乐。甜甜说：“那个摩天轮好高好高啊！”可是这个好高好高到底有多高呢？听她讲的小朋友有些糊涂，甜甜也觉得这个“好高好高”不太清楚，不能表达出她对摩天轮之“高”的深刻印象，于是甜甜就踮起脚尖，把手臂高高地举过头顶，手掌稍倾斜：“有这么高！”

这样，小朋友知道了，摩天轮要比甜甜的身体高出好多，是非常高的，可是高到什么程度还是不清楚啊！

这时，甜甜看到外面有一处施工的高楼，上面有高高的吊脚架，和摩天轮的高度差不多。可是甜甜不知道吊脚架怎么说，于是她便用手指给小朋友看：“快看，就像那个东西一样高！”

“那个东西”并没有说出来具体是什么，但因为甜甜用手指着，小朋友自然就看到了，明白了甜甜所说的是高楼上施工用的吊脚架，再拿高高的吊脚架和摩天轮对照，于是就对摩天轮的“高”有了清晰的认识。甜甜终于借助肢体语言清楚地表达了她想传达给小朋友的信息。

事实上，肢体语言可以辅助或代替口头语言来表达，还可以通过肢体上的接触来增进交流双方的情感距离。就像母亲的轻轻抚摸可以安抚孩子的情绪，消除他们心中的不安一样，这一点在社会人际交往中运用得比较多，比如有的老师在上课的时候总会运用一些手势，目的就是帮助倾听者更快更清楚地明白他所讲的意思。所以，孩子需要学习它，在与他人交际过程中，需要肢体语言来联络感情。

诚诚的妈妈跟我讲，她的脾气不太好，有时诚诚不听话又不讲理，闹得她没有耐心的时候，就会很生气，忍不住会动手打孩子，当然也不会下重手，只是为了让诚诚认识到自己的错误。每次诚诚挨了打，都会哭着让她抱。到了她怀里，明明还在忍不住地抽泣和流眼泪，却总是偎着她，抱着她的脖子，把头埋进她怀里。诚诚的妈妈说，她每次看诚诚这样，心里有再多的火也发不出来了。

诚诚通过肢体语言向妈妈表示他知道错了，请求妈妈的原谅。而母子身体的接触也唤醒了诚诚妈妈的母性，使她认识到自己的行为过激了，诚诚毕竟只是一个小孩子，不忍心再责罚他。看来，有时候肢体语言还是缓和矛盾的一剂良药呢！

父母在教导孩子交际的过程中，可以通过拉着对方的手、和对方拥抱一下、用脸贴贴客人的面颊、搂着小朋友等肢体动作来表达亲近；可以通过点头、拍手、跳跃来表达接受和欢喜；可以通过指点、比画来帮助描述物体等等。

另外，在鼓励孩子使用肢体语言辅助表达的同时，还要注意到孩子在运用肢体语言时容易出现的问题，帮他们及时纠正过来。例如，有的孩子不会正确地使用肢体语言，明明是想表达对对方的喜欢，却使劲地拽对方，甚至使对方疼得哭起来，误以为他要伤害自己。这时父母就要告诉孩子正确地表达喜欢的方法，比如“拥抱”“拉手”等；还可以用假设法让孩子想想如果别的孩子这样使劲地拉他，他会有怎样的感受，以此来帮助孩子使用正确的肢体语言。

总之，面部表情和肢体语言在交际过程中同说话一样重要，它们有时候单独作用，有时与说话相互配合。强化孩子对面部表情和肢体语言等说话之外的交际方式的运用，可以丰富孩子的表达方法，帮助他们在交际中更加灵活自如地表达。

教孩子学会“拒绝”

懂得与他人分享，对待朋友慷慨大方，这是一种美德。但是，良好的交际应该是双方自愿的，更应该是平等往来的。如果总是一方在迁就另一方，对他的要求有求必应，而不管这种要求是否合理，那么，这种交际已经不是正常的交往，长期下去，孩子就会形成懦弱的性格，容易被别人左右。

此外，随着孩子的成长，孩子会逐渐形成自己的主见，对于自己有意见、不喜欢的事情完全可以拒绝，这是一种个人主见的修炼。同时，学会采用什么样的拒绝方式，这也是每个孩子交际中必须要学习的。

一、不会“拒绝”的楠楠

那一年过春节，我去好朋友周琳家玩，因为要买礼物，就给周琳的儿子楠楠买了一架遥控飞机。楠楠很高兴，摆弄了一会儿就要拿出去和小朋友一起玩。周琳因为要和我聊一些事情，无暇顾及孩子，交代了他几句就让他出去了。

中午的时候，饭菜都已经做好了，还是不见楠楠回来。我建议周琳去找找孩子，周琳不以为然，说这孩子一玩起来就不知道回家了，不用管他，我们先吃。到了中午一点多，楠楠还没回家，我又提醒周琳去找孩子，这时周琳似乎想起了什么，急匆匆地和我一起出去找。

在小区的一个沙堆旁，我们找到了楠楠，他一个人正在玩沙子。周琳劈头就问："刘阿姨送你的飞机呢？"

我一看，楠楠的旁边果然没有我送他的玩具，只有一个塑料的小铲子，楠楠拿着它在挖沙子。

楠楠见妈妈责问，把头埋得很低。周琳大声吼他，楠楠吞吞吐吐地说出了原因。原来一起玩的一个小朋友喜欢他的飞机，要借过去玩一会儿，楠楠就借给小朋友了。小朋友可能也忘记了拿着飞机回家玩了，楠楠因为没了飞机，怕回家没法交差，就躲在这里不敢回去了。

……

类似于这种情况，在生活中我见得比较多，有的小孩子，你向他借任何东西他都会毫不犹豫地借给你，被大多数家长称之为"败家子"；有的孩子，你向他借任何东西他都不会借给你，被孩子们称之为"小气鬼"。其实，这两类孩子都是交际欠缺的类型。正确的方式是通过思考分析，能借的当然需要借，不能借的需要婉言拒绝。说到这，你也许觉得这不属于成人的交际方式技巧吗，孩子知道啥？

正因为是成人的交际方式，而且是经常必须要做的一种选择，所以孩子们更应该从小培养，思考是否该拒绝，该如何拒绝。

二、孩子不拒绝的心理

孩子不懂得拒绝的原因基本上有这样几种：

第一，不知道是否应该拒绝。多是因为孩子年龄还小，缺乏是非辨别能力，对一些事情认识不够全面。比如，一大一小两个孩子去买东西，大的孩子明明自己有钱，却只是出于占小便宜的目的哄骗着小的孩子付账。小的孩子对于欺骗还没有清醒的认识，看不出对方的意图，很容易就上当受骗。但是对于大点的孩子来说，他们已经具备了辨别是非的能力。

为此，老师及父母可以利用现实中的案例或者以讲故事（例如“狼和小羊”“狼和乌鸦”“狐假虎威”等等）的方法指导孩子，锻炼孩子分辨是非的能力。

第二，不愿意拒绝。多是因为孩子认为对方的行为虽然不对，但还在自己的承受范围之内，是可以接受的。比如，当小朋友借用橡皮不还的时候，孩子觉得橡皮只是一个小小的东西，不还也没什么要紧。所以，下次小朋友再借的时候，他还是会借给他。慢慢地就养成了习惯，并且还会认为，如果不借就显得自己太小家子气，觉得不好意思，缺乏拒绝的勇气。

这样的孩子有着一颗善良的心，害怕伤害到别人，但是却忘记了保护自己。习惯在一些小事上迁就对方，不仅会让自己受到损失，还会助长一些孩子的恶习。更重要的是，孩子会在这种习惯中慢慢地失去警惕心理。

对于这种孩子，老师、家长应该让他们学会珍惜自己的物品和权利，更应该教会他们区别“帮助”和“纵容”之间的差别。帮助那些确实需要帮助的孩子是正确的行为；而对于对方不合理的请求或他的请求令自己为难时，则要鼓起勇气予以拒绝。

第三，不知道怎么拒绝。这是本节的主题，也是培养孩子“拒绝”能力的关键，因为不知道拒绝的方法，所以会觉得不好意思，稀里糊涂地就答应了对方的要求，这便对自己造成了不利。关于这一点，在本节的最后我会详细列举。

第四，害怕承担拒绝的后果。拒绝以后，有可能出现一些不好的后果，比如“他以后就不和我玩了”“他会给老师打小报告，说我的坏话”“我怕他打我”等等。这样的事情，在孩子心里是“很严重”的。他们害怕被孤立，害怕被冤枉，害怕挨打等等，在他们看来，这些远比一个小小的物品重要。所以，宁可自己吃点亏也不敢坚决地拒绝。

事后我问楠楠：“如果你不借给那位小朋友你的飞机，会怎么样呢?”

楠楠认真地说：“那样他就不和我玩了。”

显然，楠楠之所以不拒绝小朋友，其最主要的原因还是担心承担拒绝后的结果。对于这类孩子，我们需要培养提升孩子分辨是非的能力。

三、教给孩子拒绝的技巧

在交际过程中，对于对方一些不合理的行为，孩子不仅要懂得拒绝，勇于拒绝，还应该掌握一些拒绝的方法和技巧，也是前面提到的孩子不懂得拒绝的第三条。针对孩子的成长状况，我总结了一下适合孩子学习的拒绝技巧。

第一，说理法。当对方的要求不合理时，如果孩子直截了当地说“不”，很容易使对方“没面子”“受伤”。这时要教孩子“以理服人”，耐心地和对方说明这样的做法是不正确的，通过说理让对方明白自己的错误，及时更正自己的行为，从而达到拒绝的目的。

第二，补偿法。拒绝了对方，会令对方感觉到失落，如果这时给予他们一些补偿，则会使他们获得心理上的平衡，继续维持良好的交际关系。例如，小朋友想借你新买的一本课外书拿回家去，但你还没有看完，很想接着看下去，这时可以在拒绝对方之后拿另一本书给小朋友看，告诉他你一看完第一个就借他。这是一种折中的方法，对方虽然没有达成目的，但因为有了另一本书的补偿，对于拒绝也就比较容易接受了。

第三，转移法。转移法其实并不能真正地解决问题，而是把问题抛给了别人。例如，当小朋友邀请你做一件你不愿意做的事情时，你可以在提出自己的困难后，再给他指出“一条路”，让他去问问别人，从而把他的注意力转移到别人身上。这样，被拒绝的小朋友也不会怪你。

以上三种方法是最适合培养孩子拒绝他人的方法，对于成人来说，如“苦肉计法”“推迟法”都是可以拒绝他人的较好策略，但是对于孩子来说，还不适合培养这类极端的拒绝技巧，这一点我们需要注意。

强化社交矛盾处理技巧

在第三章第八节我谈到了“让孩子懂得解决冲突”，其目的是让孩子理解与他人之间的矛盾，懂得有了矛盾应该自己主动去解决，以及我们如何引导孩子去解决矛盾。随着孩子年龄的增长，我们需要传授孩子一些解决矛盾的技巧，这样才能让孩子更适应当下的社会。

一、一根草绳引发的矛盾

有一天，在学校的操场上，不知道是谁丢了一根长长的草绳。有几个在操场玩的孩子看到后，都想玩这根绳子。有的孩子分别拽着绳子的两端，有的孩子拿着中间。他们一边蹦跳，一边使劲地抖动绳子，看到有他人过来就扯着绳子转圈跑，以把别人缠在里面为乐。玩了一会儿，草绳在孩子们的拉扯下从一头断开了，短的一截被一个孩子拿在手里抡着玩，结果打到了其他小朋友的脸上。而拿着长绳子转圈的孩子则把另一个小朋友绊倒了。

于是，原来玩得很开心的孩子们之间因为这些有心无心的意外而产生了矛盾。被绳子打到脸的小朋友捂着脸大声地指责那个不小心的孩子，而做错事的孩子见对方那么凶，觉得很没有面子，为了开脱自己，就和他吵了起来，说他不长眼睛，不看路，怪不得别人。两个孩子互不相让，争吵不休。

那个被绊倒的孩子则从地上爬起来，顾不得拍掉身上的土，就去追打绊他的孩子，要“报仇雪恨”，后来见追不上，就抢了绳子准备去绊对方。原来还是充满欢声笑语的操场，现在只剩下了愤怒和争吵。

我和同事小王正好从旁边路过，看到这种情况，急忙走上前去。小王先去制止了那些还在跑着打闹的孩子，告诉他们这样玩很危险，把他们的草绳没收了。而我则走到那个脸被打到的孩子身边，帮他查看。发现只是有些许的发红，并无大碍，便安慰受伤的小朋友。那个孩子见老师说话了，也就停止了骂人，但还是显得很委屈。

我问那个伤到他的孩子：“老师知道你一定不是故意想要伤到小朋友的，对不对？”

孩子点了点头。

我接着说：“但是，虽然不是故意的，终究是伤到了别人。你看他的脸上这一块都变红了，肯定会感觉疼的。你是不是应该对他说声‘对不起’？”

孩子又点了点头，但马上辩解道：“可是他骂我！”

我耐心地同他讲：“骂人是他不对，一会儿老师会让他道歉，事情有先后，现在你先为你伤到他道个歉好不好？”

孩子听话地道了歉。我便表扬了他：“这样就对了。以后玩的时候要注意身边的人，不要再伤到他们了好不好？如果是自己做错了，一定要及时地说声对不起，这样对方就不会骂你了，你们也就不会吵起来了，是不是？”

小王则走到被打到的孩子身边，温和地说：“你的脸没什么事，一会儿老师再帮你上点药，好不好？现在，小朋友已经道歉了，原谅他好不好？”

孩子顺从地点了点头。

然后，我和小王又告诉他们，骂人是不对的，让他们相互道了歉。两个孩子最终和好了。其他的孩子见没了绳子，也没了热闹，便都散去了。

这是一个由草绳引发的矛盾。在孩子们的交往过程中，类似的事情经常会发生。争抢玩具，意见不一致，无意中的碰撞等等，都会引发矛盾。孩子之间的矛盾出现后，除了我在第三章第八节中讲到的让孩子学会自己解决矛盾之外，父母和老师有时候也需要出面干涉。

但是，在很多场合下，家长和老师是顾及不到的。所以，需要强化孩子处理矛盾的技巧，不仅要让孩子懂得自己解决矛盾，还要学会更多的社会交际中解决矛盾的方法。

二、强化心灵，避免矛盾

“授人以鱼”不如“授人以渔”，在第三章第七、八节中我已经详细阐述了解决矛盾的方法，当孩子成长到一定年龄段后，需要做的是强化孩子的心灵，提升孩子的自控能力，以此来避免矛盾的产生。

第一，珍惜朋友。家长应该让孩子明白友谊是很珍贵的，要懂得珍惜。即便不是很要好的朋友，在一起玩耍的快乐也是很难得的。所以，与人相处要以和为贵，尽量避免矛盾的发生。

第二，不要伤害他人。在游戏的过程中注意不要伤到其他人，尽量不玩会给他人造成伤害的玩具或游戏；当玩具较少时，要懂得谦让，不要和小朋友争抢；不要侮辱他人，打骂他人，嘲笑他人……

第三，学会保护自己。孩子不仅要注意不要伤害他人，还要学会保护自己，不要让自己被他人伤害：不去孩子们过于集中的狭小的娱乐场地；看到别的孩子玩的物品有可能会伤到自己时要远离；与小朋友起了较严重的冲突，要懂得用手或物体去遮挡，保护身体的重要部位……

第四，尽量避免因误会产生矛盾。与他人发生了矛盾，要弄清楚中间是否存在误会，要懂得去倾听别人的说法。例如，孩子的一支笔找不到了，他怀疑是自己的同桌拿走了，所以生他的气不再理他了。而同桌不明白他为什么忽然对自己那么冷淡，又爱面子，觉得“你不理我，我也不理你，有什么了不起的”。结果两个孩子谁都不去问对方，原来的好朋友变得像陌生人一样。这样显然是不利于孩子们的团结和友谊。

第五，勇于承认错误。与人发生了矛盾，要学会反思。如果是自己做错了，一定要勇于承认错误，及时向对方道歉，获得对方的原谅。独生子女因为受到了太多人的关爱，往往会比较骄傲，爱面子，不肯主动承认错误。有些孩子甚至认为即使自己有错也没什么大不了的，别人理所当然地应该原谅他。这样的孩子需要父母及时地进行引导和规劝，一句对不起并不会让自己失去什么，反而会获得别人的谅解，收获一份友谊，这是远比面子更宝贵的。

第六，学会宽容。当别人犯了错，要以一颗宽容的心去对待。不应该“以牙还牙”，更不应该寻机报复，这样不仅不能化解矛盾，还会让矛盾越来越扩大，最终让双方都受到很大的伤害。

与人相处是一门学问，化解人际矛盾则是其中的必修课。家长应及早地引导孩子正确处理与人相处过程中产生的各种问题，教导他们如何避免矛盾，让孩子学着通过自己的努力化解矛盾，赢得更多人的认可，从而为今后拓展人脉打下良好的基础。

异性交往正确引导

“异性交往”是人际交往中一个敏感的话题，就大人来说，也很容易产生交际误会，因此，需要从小培养孩子正确的异性交际观。太小的孩子对性别的差异性认识还不太清楚，就像小男孩儿也会觉得小女孩儿穿的衣服比较好看，并喜欢试穿妈妈的花裙子。记得我哥的孩子三四岁以前，看到屋子里有各种漂亮的小发夹，总会让妈妈给他别到头发上，弄得满头都是，还让妈妈给他照相，自己一边看一边乐，觉得很好玩儿。

但是，这样的事在小学生的身上已经很少发生了。因为，随着对性别的认识，孩子会慢慢懂得男孩和女孩是不一样的，两者不仅在外貌形体上有所差别，在衣着装扮上风格迥异，就连言谈举止和兴趣爱好也有着很大的差异。

一、异性交往是不可回避的话题

因为男孩和女孩种种的不一样，到了一定年龄段后，有些孩子会产生困惑，不知道该怎么去和异性交往，严重的还会逃避和异性交往；而有的孩子则会在交往过程中受异性的影响，使自己的行为也偏向异性；还有的孩子，在与异性交往时，不知道应该把握尺度，举动过于亲密，这是父母和老师在孩子异性交往中最担心的问题。

不管是上述哪一种情况，都是不正常的异性交往，不利于孩子人际关系的全面发展，甚至对孩子的成长和成熟都是不利的。所以，父母和老师应该在孩子异性交往时给予积极的引导，帮助孩子正确处理与异性的交往关系，丰富孩子的社会生活。

有的父母，尤其是女孩子的父母，出于保护孩子的目的，对于异性交往抱着一种排斥的心态。当孩子想要和异性伙伴玩耍时，父母往往出面干预，阻止孩子接触异性，还会经常告诫孩子在学校不要和异性同学来往，一旦发现就会如临大敌，给孩子上“思想课”。这种全面否定的做法，其实是不正确的。

父母应该认识到，异性交往是孩子在社会交际过程中不可避免的部分。正常的异性交往可以帮助孩子全面了解交往群体，学会如何与异性相处，对孩子性格的养成、心理的成熟以及以后的人际交往等等都有着重要的意义。

二、“假小子”小丹

小丹的父母在她很小的时候就离异了，她跟着爸爸生活。而爸爸要外出挣钱养家，基本上一年才回来一趟，根本无法照顾她。所以，小丹就跟着爷爷奶奶一起生活。

那一年我春节回家过年，在老家看到她的时候，小丹正和几个男孩子在一起放鞭炮。她头发剪得很短，穿着蓝色的运动服，跟着其他孩子疯跑。若不是听声音，恐怕很难发现她是个女孩子。

算起来，我应该喊小丹的爷爷声“二叔”。因我多年没回去，二叔和二婶对我很热情，执意留我吃午饭。饭做好了，小丹还没回来，看她已经不在原来放鞭炮的地方了，我便说要出去找找。

二婶说：“不用去找，我喊她两声就行了。这妮子野惯了，不喊就不知道回来。”

说着，二婶就站在门口扯着嗓子喊起来。远远地听到小丹不知道在哪里答应，二婶便住了声。

二婶对我说：“你看这孩子，刚还听着她在门口说话，这一眨眼的工夫，又跑出八里地去了。”

过了会儿，小丹跑了回来，还没进院子，就听到她一边跑一边不知对谁喊：“我一会儿过去！”然后见她到厨房端了饭菜就往外跑。二婶忙喊她：“你给我回来！吃饭呢，又往哪儿野去？没看你姑姑在吗？你就不能安分会儿？”

小丹道：“我去刘林家吃！”一边说着一边继续往外走。刘林是村里的一个男孩儿，和小丹同岁，两人还是同班同学。因为两家离得比较近，小丹经常到他家去玩。

二婶骂道：“咱屋里装不下你？吃个饭也去人家家里。你一个妮子家，天天往人家家里跑什么？”

小丹却对二婶的话置若罔闻，等二婶骂完，她也早跑没影了。

二婶冲我抱怨道：“这妮子啊，一个女孩儿没个女孩儿的样儿，不好好学习，天天跟着一群小子娃疯跑。你要说她轻了，她不听；说她重了，她上蹿下跳地跟你闹。唉！”

像这样女孩子“假小子”性格的养成，多是因为女孩子在与异性交往时，受到异性行为的影响，不自觉地被“同化”了。与此相对，男孩子如果接触的多是女孩子，也会受到女孩子的影响，使自己的行为“女性化”，比如常见的“娘娘腔儿”，男孩子翘兰花指，喜欢“涂脂抹粉”等等。

导致这种问题产生的外在因素，主要是孩子的交际对象过于单一，缺少同性玩伴。此外，就是家长没有给予及时的帮助和引导。就像农村的老人在对孩子的管教上，经验还是相对缺乏的，更不会教导孩子如何与异性交往。

以小丹为例，同村与她年龄相近的大多是男孩子，她自小便与他们在一起玩耍惯了。长大些了，别的女孩子因为有父母管教，大多把时间放在了学习上，小丹就更缺少同性玩伴了。而二叔和二婶因为可怜这孩子，以前不忍心过分约束她，所以在很多事情上放任自流，一旦等她养成了喜欢与异性交往的习惯，再想让她改过来就很难了。

三、引导孩子正确与异性交往

异性交往是一个敏感但又不可回避的话题。家长们既不应阻止孩子进行异性交往，也不应放任他们的行为，而是应该给予合理的引导。

通过和小丹的聊天，我了解到二婶因为太忙，没有时间帮小丹梳头，才给她剪了短发；怕她总是把衣服弄脏，所以很少给她穿女孩子的漂亮衣服；怕她洗不干净衣服还浪费洗衣粉，所以衣服都是二婶给她洗……

这种图省事的做法，其实对小丹的交际心理也起到了负面影响。因为与别的女孩子看起来不同，她自己也会觉得和女孩子相处时比较别扭，反而与男孩子在一起时没有了这种心理负担，使得她更愿意和男孩子一起玩。

针对小丹的这种情况，首先要从外形上让孩子有个“女孩儿样”，让她在女性群体中找到“归属感”，通过外在的变化培养她内心的女性意识。然后，她才能意识到在同异性进行交往时应该做什么，不应该做什么，慢慢地收敛“野性”，改变“假小子”的性格。

我告诉小丹可以学着自己梳头和洗衣服，穿衣要爱惜，这样奶奶才会给她留长发，让她穿漂亮衣服。又试着说服二婶，不要怕孩子做不好就不让她做。像梳头、洗衣这样的事情对于一个10岁的孩子来说，已经完全可以做好了。而对于如何与异性相处，我那时还没有办法一下子都教给小丹，事情只能一步步地来，何况她的情况，我只能建议，到底结果会怎样，不是我能决定的。

时隔一年，当我再次见到小丹时，她的头发已经留了起来，头上戴了头花，看起来已经是女孩子应有的模样了，但还是经常和男孩子在一起疯玩，学习也是一塌糊涂。

对于小丹，我深感无力，只能寄希望于父母们能够把精力更多地放到孩子的培养上面，正确引导孩子的行为，把掌握未来的钥匙交到他们手里。

好在绝大多数父母还是愿意花费心思来引导孩子正确地进行异性交往的，只是有时候不得其法。我们便总结了一些孩子异性交往中父母应该注意的事项，供大家参考。

第一，父母要鼓励孩子和异性正常交往。当孩子有了一个异性朋友时，他会很开心。从内心来说，孩子是渴望与异性交流的。他们可以从中了解到异性的心理，学习到不一样的交际方式，还可以使自己的情感更加丰富。女孩子天生的柔弱，会让男孩子不自觉地想要去保护她们，有利于培养男孩子的责任感；在同异性交往中，遇到困难时，男孩子也往往会主动地寻求解决的方法，显得更勇敢；当只有一样东西时，男孩子往往会表现谦让，显得更“绅士”……

而女孩子呢，不仅可以受到男孩子的保护，还可以从男孩子身上学到很多“另类”的知识，丰富见闻。比如，男孩子玩的游戏，不一样的生活经历等。

所以，正常的异性交往，对孩子的成长是很有益处的。家长不应该出于某种担心而阻止孩子和异性交往，而是应该鼓励孩子勇敢地接触异性，了解异性的心理和行为，掌握和异性相处的方式，丰富孩子的交际能力。

第二，扩展孩子的交际范围。父母固然应该鼓励孩子与异性交往，但也不能放任孩子只与异性交往，或者只与某一两个异性交往。也就是说，不能让孩子的交际对象过于单一。如果主要交际对象全是异性的话，除了会导致女孩子性格像“假小子”，男孩子缺乏阳刚之气外，还会使孩子把注意力集中在小部分群体中，缺乏对不同人物特性的全面了解和认识。所以，父母应引导孩子与更多的人交往，扩大交际范围。

第三，教孩子平等地对待异性。我们建议父母引导孩子以与同性交往为主，同时在与异性交往时，平等地对待该集体（比如同班同学）中的所有异性，不偏不倚。既不应该故意疏远谁，也不应该和谁关系过于亲密，要把握好一个度。

第四，教导孩子尊重异性。父母应教导孩子，在与异性相处时，要懂得尊重异性，不能像对同性伙伴那样对待异性。例如，有的男孩子在和同性朋友交往时，举止常常比较“豪放”：以拍拍肩膀的方式引起对方注意；对朋友说话时很“不客气”；当朋友的举动令他不满意时，会表现得不耐烦等等。这样的交往方式显然不适用于女孩子。这时就要教孩子对待女孩子要温和，告诉他在女孩子面前说脏话、拍女孩子的肩膀是“粗鲁”“没有礼貌”的行为。当女孩子行动慢时，要耐心等待；和女孩子一起玩耍时，要照顾女孩子；尊重女孩子的隐私等等。

第五，教孩子学会保护自己。孩子，尤其是女孩子在与异性交往时应学会保护自己。玩耍时注意不要被一些粗心的男孩子伤到，一些只属于女孩子的话题不应拿去和男孩子分享，对男孩子的举止不能太亲密，尽量避免和男孩子长时间单独相处等等。

良好的习惯有助于良好的交际

人们常说："三岁看大，七岁看老。"孩子的未来会是什么样的，其实在他们很小的时候就已经有迹可循了。而判断一个人将来能否"成才"的一个重要依据就是孩子自小养成的习惯。

一、好习惯是孩子一生的财富

在我所调研的孩子中，一个名叫晓晓的小女孩给我留下了深刻印象。我和她的妈妈燕子自小相识，算得上是闺蜜了。只是参加工作后，各忙各的，一转眼有好几年没有见面了，只知道她早早地结了婚，有了一个女儿。

有一次出差正好到她所在的城市，燕子知道后打电话让我一定到她家里坐坐。算算时间还算充足，便根据地址找到了她家。敲门后，很快便有人问："谁呀?"听出来是一个小女孩清脆的声音。我说了名字和来意，门马上打开了，开门的是一个六七岁大长着圆圆脸儿的可爱小姑娘。还没来得及说话，小姑娘已经搂着我的胳膊很亲热地说："刘阿姨，你怎么才来啊？我和妈妈都已经等你很久了!"

原本还有些担心，毕竟和燕子那么久没见了，难免见面时会有些疏离。现在因这小女孩的热情，心情一下子明朗起来，感觉自己仿佛已经是这里的熟客了。这也使我想到，人们在交际过程中开场白的重要性。主动、热情的开场白让对方觉得是受欢迎的，可以快速地缩短彼此间的距离，第一时间赢得对方的好感。看来这个小女孩年龄虽小，却已经懂得了一些良好的交际技巧。

这个小女孩儿就是燕子的女儿晓晓，已经快七岁了。

我看她可爱，便逗她："你怎么知道我是你妈妈的朋友啊？要是坏人怎么办？"

晓晓扬着小脸有些得意地说："因为我见过你，妈妈的空间里有你的照片，我早就看过很多次了。妈妈说你是她最好的朋友，我肯定不会认错的。刘阿姨，你和照片上一样漂亮！"

被一个小孩子夸奖，明知道有些夸张，心里有些不好意思，但还是很受用的，不由得更加喜欢这个可爱的孩子了。

适当地赞美对方，会使对方心情愉悦。当怀着愉快的心情进行交流时，气氛自然也是融洽的。

晓晓一边和我说着话，一边把我拉进屋，关好门，并帮我把包放好，然后把我带到客厅坐下。怎么不见燕子？我正想着，晓晓已经解释道："刘阿姨，您先坐一会儿喝点水，吃点水果。妈妈去买菜了，很快就回来。"

看得出来，晓晓是一个细心、周到的孩子，她的动作很熟练，显然平时也是这么接待客人的，已经形成了习惯。而且她能及时察觉到我心中的疑问并主动给出解答，显示出良好的观察力。

之后，我问她的爱好和学习，小女孩儿不仅一点都不怯生，对我的问题对答如流，还经常反问我一些问题。比如："阿姨，你教的那些小朋友他们都学什么？""他们在上课时听不听话？"等等。

我把给她买的芭芘娃娃送给她，她显得特别高兴："阿姨你真好！我早就想要这个了！"

懂得感恩是孩子珍贵的品格。现在很多人都认为孩子一代不如一代，没有礼貌，不懂得感恩，缺乏最基本的道德素质等等。但是这些不良的习惯在晓晓身上都不存在，所以，我很好奇燕子是怎么教导孩子的。

正聊得热闹，燕子回来了。晓晓并没有离开我身边，而是对燕子说："妈妈，你真没礼貌，让刘阿姨等你。"

燕子和我打过招呼，笑着对她说："好！好！是妈妈不对，今天正好赶上人多，多等了一会儿。待会儿妈妈给刘阿姨做好多好吃的来补偿，好不好？晓晓，你有没有帮妈妈好好照顾刘阿姨？有没有给阿姨拿水果吃？"

我忙接过话道："你家宝贝女儿太懂事了，像个小大人似的，我都喜欢得不得了！"

晓晓说："爸爸妈妈不在家时，我就是家里的小主人了。照顾客人是应该的。"看着她可爱的模样，我和燕子都笑起来。

在和燕子聊天的时候，我们聊了很多关于孩子的话题。因为是独生子女，和大多数的父母一样，燕子把大多数的精力都投入到了对晓晓的养育上，但是她并没有一味地溺爱她，而是从小就培养她独立的性格和良好的行为习惯。

燕子的经验总结起来就是"身体力行、反复进行"八个字。比如，像这次燕子回来晚了，让客人等待，晓晓觉得这是不对的，给妈妈指了出来，燕子就会很认真地道歉，并提出补救方法。有了燕子这样一个好榜样，晓晓做错事时就有了承认错误的勇气。燕子就经常提醒她，比如问她"有没有给阿姨拿水果？""有没有和小朋友说再见？""有没有谢谢小朋友？"等等。通过燕子坚持不懈的悉心教导，现在，晓晓在待人接物方面已经表现得非常出色了，每个来家里的客人都对她赞不绝口，燕子也觉得很有成就感。

燕子的骄傲与自豪不无道理，在这短短的一个下午，我从晓晓身上看到了很多优秀的品格，待人的礼貌、热情、细心、体贴等等。而这样的好品格正是由好习惯一天天累积起来的，比如看到客人主动打招呼，及时解答客人的疑问，大人说话时不插嘴，了解客人的喜好等等。具备这样良好交际习惯的孩子，已经拥有了最宝贵的财富，而且取之不用，用之不竭，受用一生。所以，她的未来一定是充满光明的。

二、孩子应该养成的交际习惯

良好的习惯是孩子一生受用不尽的财富，就像有句话说的："播种行为，收获习惯；播种习惯，收获性格；播种性格，收获命运。"对于能够独立思考和解决问题的成年人而言，命运把握在自己手中；而对于孩子，他们将来的命运很大程度上取决于父母和老师在早期教育过程中为他们留下的行为印记。所以，培养孩子良好的习惯就显得特别重要。

在孩子所有的行为习惯中，交际习惯是最容易显现一个孩子融入社会能力的部分。因为在交际过程中，孩子的一举一动都在他人的眼里，最容易给人留下直观的印象，让他人先入为主地产生认不认可的心理。培养孩子良好的交际习惯需主要从以下几个方面入手：

第一，主动问候。见面时问好，离开时说再见，睡觉前说"晚安!"等等。这些都是很简单的话语，而且在之前我已经讲了很多，在交际过程中起着很重要的作用。以问候开始可以快速地拉近彼此的距离，打开话题，为进一步的交流做铺垫；而以问候结束则会为本次交际画上圆满的句号，有始有终。

第二，适时赞美。鼓励孩子多去赞美别人。比如，看到小朋友制作了一张精美的卡片，要说“真漂亮！你的手真巧！”“你真棒！”每个人都喜欢听赞美的话，小孩子自然也不例外。受到赞美的小朋友往往会表现得更加自信，而对赞美他的人也会心生好感，甚至心存感激。培养孩子赞美别人的习惯，可以有效地提升孩子的交际能力。

第三，知道感恩。得到他人的帮助时，及时真诚地说声“谢谢！”比如，告诉孩子当小朋友把他心爱的玩具借给你或者受到了小朋友的肯定和赞美时，都应该说声“谢谢”。常怀感激之心，是对他人最好的回报，他人才会愿意继续地给予你关怀和帮助。

第四，懂得宽容。孩子在与他人交往的过程中，很容易发生冲突。比如，被其他小朋友碰到了，物品被他人损坏了，被小朋友误会了等等。这里要教孩子以一颗宽容的心来应对，适度地原谅他人，做一个心胸开阔的人。

第五，勇于承认错误。当孩子做错事情时，要教他们主动承认错误并及时作出补救。“知错能改，善莫大焉”，孩子虽然未必懂得这个道理，但要让他们清楚，一个喜欢推脱责任、不能面对自己的过错的人是不值得交往的，而能够及时认错并改正的孩子则会重新得到认可。

我曾经在班里做过一项试验，以“讲文明、懂礼貌”为主题开展了一期活动。在那段时间，班里的每个同学都在相互学习中变得非常懂事，在校园经常能听到他们使用各种礼貌用语，在课堂上回答完问题，当我说“请坐下”时，他们也会在说完“谢谢老师”之后才就座。有时同学间起了小冲突，不需要我出面，他们自己都已经很好地解决了。

活动的成功也给了我很多启发。所以，在这期活动以后，我经常在讲课的时候穿插一些小故事，有时也会以表演的方式培养和巩固孩子在交际过程应该养成的好习惯，都取得了很好的效果。

现在的孩子大多是独生子女，爸爸妈妈、爷爷奶奶都围着他们转。如果不能正确地引导，很容易形成他们“以自我为中心”的意识。一旦进入社会群体，就会表现得缺乏最基本的礼貌，也不懂得关心、爱护、帮助他人。所以，家长和老师在孩子交际习惯的培养中扮演着重要的角色。

需要特别提出的是，习惯的养成不是一朝一夕的事，所以，家长和老师要有耐心，更要有恒心，无论是在教学中，还是在日常生活中，都要通过周围的事物一点一滴地进行长期的渗透，并及时纠正孩子交际中的不良习惯，持续下来，才能使孩子的良好交际行为成为一种自然而然的交际习惯，更有助于他们进行良好的交际。

培养孩子体察他人情感变化的能力

孩子身上是最能体现情感变化的，这时的他们还不太善于掩饰和克制内心的情绪，喜怒哀乐都会明明白白地写在脸上。在交际时，孩子的情绪变化往往表明了他是否愿意接受别的小朋友的交际请求。如果不懂得注意他人的情感变化，不仅会给他人带来烦恼，也会令自己无法参与到对方的交际中去，成为被孤立的一员。

因此，良好的交际需要体察他人的情感变化，也就是让孩子学会“察言观色”。在帮助自己的孩子提升交际能力的过程中，引导他们正确感受他人的情感变化，是使孩子快速融入其他伙伴中去，进行良好交际的基础。

一、懂得体察他人的情感变化

有一次下车，正好看到路边摆着带有充气迪士尼城堡的蹦蹦床，几个孩子在上面玩耍，于是就停下来坐在一旁观察。最开始的时候，上面只有四五个小朋友在玩，年龄都差不多大，在三岁左右。因为城堡比较大，人数也少，几个孩子玩起来很有秩序。玩的时间长了，也变得熟识起来，有时候两个小朋友碰到一起了，也会按顺序一个一个地通过。

但是这种情况并没有一直维持下去。随着三个大孩子的加入，平衡很快被打破了。这几个新加入的孩子有六七岁，没有家长带领。他们一到蹦蹦床上就开始大声说着话在上面使劲地弹跳。蹦蹦床大幅度地摇动起来，原来正在玩的孩子都停了下来，不知所措地看着他们。几个家长也开始紧张起来，纷纷起身把孩子叫到边儿上玩，生怕自己的孩子被他们碰到。里面有一个小点的女孩子，刚刚站起来，蹦蹦床一弹，便歪倒了；她又试着站了一次，结果又倒了，于是便开始哭起来。

一个家长生气地说："谁家的孩子这么没教养？这还让我们怎么玩儿？"

另一个家长也说："这几个孩子太大了，不能跟他们在一起玩。碰着了就不好了。"说着便喊自家孩子离开，但那小孩儿显然还没有玩够，站在蹦床边儿上扭着头眼巴巴地望着别的小朋友，不愿意离开。

这时，负责管理场地的一个阿姨看到场中起了冲突，赶紧走过来。看清楚情况后，对那三个大点的孩子说："轻一点儿，孩子们，看看别的小朋友也在这里玩啊。你们大，要懂得照顾小弟弟小妹妹，看那个小朋友已经哭了，快去扶起来。"

三个孩子听了她的话，果然不再使劲地蹦跳了。有两个孩子走到里面钻到城堡里面玩，另一个小男孩走到那个跌倒的小女孩儿身边，把她扶起来，对她说："别哭了，玩吧。"小女孩看到别的小朋友都开始玩了，也停止了哭声，重新玩起来。

那个阿姨笑着夸奖三个大点的孩子："真棒！这才是好哥哥！大家要一起玩，这样都会玩得很开心，是不是？"

几个小孩子的家长看到情况好转，慢慢放下心来。经过短暂的磨合，原来的小孩子慢慢接受了新来的大孩子；而这几个大孩子也不再只顾着自己玩耍，看到有的小朋友在前面玩，就会等他们通过再玩或是到别的地方玩，发现有小朋友遇到困难时还会主动帮助他们，所有的孩子玩在了一起。

随后，我和这位负责的张阿姨聊了起来。她有五十多岁，做这份工作已经有三年多了。她说，像今天这样的事情经常都会遇到。有的孩子根本不会顾及别的孩子的感受，只顾自己玩得开心，对于大人的话也根本听不进去。有时责备他们狠了，他们也会一肚子怨气，回去给家里人一说，家长还以为是张阿姨不让他们玩，带着孩子回来理论。

张阿姨说，其实这样的孩子不来玩还不打紧，不过是损失点钱，最怕的是他们把气撒在别的小朋友身上，故意去推别的孩子。这样的事情她就遇到过好几次。所以，开始的时候她最怕不同年龄段的孩子一起来玩，总要担着心，但是做生意又不能对顾客挑挑拣拣。后来，张阿姨也吸取了教训，改用劝导的方式来应对这种问题。

张阿姨笑着说："大多数大点的孩子，只要你好好地和他们说，比如指着别的小朋友，告诉他们那个小朋友因为他的缘故不能玩了，很委屈，要哭了之类的，他们都会及时改正自己的行为。"

"那有没有这样的小朋友，你即使告诉他要顾及别的小朋友的感受了，他还是我行我素？"我问道。

张阿姨点点头："这样的小孩也有，真要遇到了这样的孩子，其他人都不能玩了。不过，这样的孩子一个人玩一会儿，见没人理他，自己也会觉得没意思了。"

看来，张阿姨虽然不是教育工作者，但接触孩子多了，自己也摸索出一些道理来。像那三个大点的孩子，其实他们都已经具备了体察他人情感变化的能力，但是因为贪玩，选择了忽视。后来，经过张阿姨的引导，认识到了自己的行为对他人造成的伤害。如果不能体察他人的情感变化，我行我素，就无法融入别人的群体中，自己虽然暂时如愿了，却也难以保持快乐的状态，更谈不上受到别人的欢迎。

二、提升体察他人情感变化的能力

孩子具有很强的观察力，能够感受到他人情绪的变化。根据一项研究表明，三个月大的婴儿就已经能够辨别出人声，并察觉他人的情绪，尤其是悲伤的情绪。所以，作为父母和老师，要及时引导孩子学会体察他人的情感变化，然后再根据对方的情感变化作出积极的反应，让孩子很好地融入到集体中。

培养孩子体察他人情感变化的能力，需要有意识地引导孩子去关注他人的情感变化。开始的时候，可以通过脸部表情和肢体语言的变化来教孩子区别各种情感，然后通过他接触到的一些小朋友、观看的动画片等等加深这种情感印象。

“我的孩子最开始接触的动画片是《猫和老鼠》，里面有一集讲的是一只小啄木鸟把小老鼠Jerry当成了妈妈，因为闯了很多祸，Jerry把它关在门外，让它去找自己真正的妈妈。我发现孩子每次看到这个地方，都会显得很难过，有时甚至会流泪。”有位母亲这样向我诉说她的孩子。当这位母亲问孩子为什么难过时，孩子说：“小啄木鸟伤心地走了，它找不到妈妈了！”这位母亲这才记起，第一次陪孩子看到这里时，母亲曾对孩子说：“看，小啄木鸟伤心了！”那时孩子已经能够根据小啄木鸟的表情判断出小啄木鸟的情感发生了变化，再结合这位母亲说的话，记住了这种情感变化是“伤心”的意思。

在幼儿园、学校、游乐场等等这种孩子们比较集中的场合，影响孩子情感变化的因素会有很多，比如玩具的共享、陌生人的加入、玩耍方式的意见不同等等。只要有意识地去引导孩子发现和感受，他们就能敏锐地体察出各种情感的变化，为良好的交际打下基础。

三、应对他人情感变化的方式

孩子在成长的过程中会慢慢具有分辨各种情感变化的能力，但是有的孩子在交际过程中还是表现得“不懂事”，不会关心他人，显得有些“麻木”，这主要是我们老师及父母在引导方面做得还不够。我相信每一个孩子都是纯真善良的，对周围发生的事有着本能的感知和心理上的反应。比如，看到有的小朋友原本玩得正开心，忽然哭起来，他们心里也会觉得那个小朋友哭得很“可怜”，可能需要帮助，并有要去帮助他的本能冲动。这时大人就要给予他们鼓励，让他们行动起来，作出积极的反应。主要方式有：

第一，温和接近。孩子想要加入别人的队伍中，但是对方并不太欢迎。比如，有的小朋友紧紧地护着自己的玩具，显得很紧张；有的小朋友则会掉头跑开。遇到这种情况，要教孩子以温和的方式主动地去接近别人。如果孩子显得很强势，很粗暴，甚至强迫别人来接受他的加入，那么他一定不会受到欢迎，反而会受到集体的排斥。而通过察言观色，看到小朋友表现出排斥时，面带微笑，慢慢地接近对方，则可以减缓他人的紧张情绪，降低抵触心理，有助于情感的转变。

第二，礼貌开场。在交际中，语言的沟通是必需的。让孩子养成使用礼貌性的“开场白”的好习惯。比如，首先问一问“我可以和你们一起玩吗?”“我可以坐在你旁边吗?”“我来帮你把它做好，可以吗?”等等。如果对方点头同意或是表现得很高兴，那么孩子的交际就取得了初步的成功。

第三，主动邀请或帮助。孩子在做某件有意思的事时，常常也会有别的孩子想要加入。一个有着良好交际能力的孩子，需要懂得通过他人的表情或动作判断对方的潜在意思，例如“眼巴巴地看着”“想说话又不敢开口”，伸出手指着你的玩具等等。这时要教导孩子主动邀请小朋友；或者在他人遇到困难时给予对方帮助，获得对方的认可。

第四，反思纠正。原来一起玩的小朋友忽然变得不高兴了，这时，除了让孩子注意观察对方的情绪变化外，还要教孩子思考是不是因为自己哪些地方做得不对，才引起了对方情感的变化。如果确实有不对的地方，就要教他们学会反思：“如果别的小朋友也这样做，你会怎么想呢?”让孩子通过他人情感的变化学会发现自己的不足，及时纠正自己不好的行为。

现在的孩子大多是独生子女，身边本来就缺少玩伴，如何让他们融入到社会中去，使他们摆脱孤单的心境是家长和老师最应该重视的事情。而通过我们的调查，懂得体察他人情感变化，并能作出合理积极反应的孩子，在交际场合往往能应对自如，不仅能让自己快速融入群体中，成为一个交际方面的能手，还能够及时反思和改正自身的缺点，受到更多小朋友的认可和欢迎。

培养交际心态，完善交际心理

在我们的走访中，遇到了各种类型的孩子，他们在交际方面表现出来的不同交际心态也让我们认识到完善孩子交际心理、培养孩子良好交际心态的重要性。

比如，有的小朋友看起来不太友好，孩子想要和他玩又怕被拒绝，有的孩子甚至还会产生一种恐惧心理，他们会假想如果自己接近对方的话，会挨骂或挨打。这是一种胆怯的交际心态。如果这时候家长和老师没有及时地给予他们引导，很容易使孩子变得更胆怯，越来越不敢与他人交往。

这种心态的形成常常是由于环境的变化、生活习惯的差异等造成的。孩子对于比较大的变动比如换学校、搬家等还不具备较强的适应能力，容易在面对陌生环境时产生畏惧心理，所以在与陌生人交往时胆怯、自卑。此外，孩子天生具有的攀比心理，也是让孩子产生自卑心理的因素，由外在条件的“比不上”演变成心理上的“不敢比”，全盘否定自己。

另一种在独生子女身上比较常见的交际心态是强势心态。这种心态与胆怯的交际心态相反。因为在家里，爸爸妈妈、爷爷奶奶都把孩子当作宝贝，凡事顺着孩子的意思，渐渐地就养成了孩子以自我为中心的心理习惯，误以为不管在哪里大家都应该遵从他的意见。这样的孩子喜欢强迫别人做事，在与其他小朋友一起玩耍时，总是要求别人服从自己。如果遇到了同样强势的孩子，他们很容易便会产生分歧，进而引起冲突。而如果遇到了胆怯的孩子，虽然可能和平共处，但却会助长孩子骄横的习性。

还有一种情况，孩子与人交往时既不强势，也不胆怯，但你会发现孩子好像对什么都不太热情，不太积极。这样的孩子属于冷漠型交际心态。他们只是把与人交往当作“例行公事”，并没有投入自己的情感。虽然他们常常看起来很冷静，很懂事，与小朋友的关系也处理得不错，但是一个冷眼旁观的人怎么可能融入到社会中去？一个没有真实感情的人又怎么会赢得他人的友谊？他们必然会陷入深深孤独之中，养成孤傲的性格。

以上的三种心态，都是不利于孩子成长的。了解孩子的交际心态，才能有针对性地培养孩子良好的交际习惯，提升孩子的交际能力。

一、不“说话”的子浩

得知我们在进行“独生子女阶梯培养”方面的调研，子浩的爸爸主动找到了我，让我抽时间帮他的孩子“诊断诊断”。子浩爸爸说，子浩以前在老家是很活泼开朗的，经常带着村里的孩子玩耍。但自从把他接到城里上学，他就变得越来越内向，原来还只是见了人不爱说话，现在一放学就躲在屋里看动画片，一家人很是为此苦恼。

通过子浩爸爸的话，我已经初步判断出子浩产生了自卑或者怯懦的交际心态。这种交际心态的主要表现是孩子性格内向，不善言辞，在与人交往中显得不自信，甚至不敢与人交往。但是子浩这种交际心态并不是从小存在的，而是因为某些原因导致的。那么，是什么原因导致了这种心态的形成呢？为了搞清原因，这天我和同事小吴一起来到了子浩家。

子浩原本正坐在沙发上看动画片，一看到我们进来，立即就显得有些紧张和不知所措。子浩的爸爸对他说："这是刘老师和吴老师，快叫老师好!"子浩听了爸爸的话，嘴唇动了动，却没有发出声音，只是低着头，双手不停地扭着衣服。

子浩的爸爸显然对孩子的表现很不满意，对我们说："你看，这孩子都这么大了，连个话都不会说，要他有啥用!"听了这话，子浩的头低得更低了。

我和小吴对望一眼，父母望子成龙的急切心理，我们都可以理解，但是如果采取了强迫的方式，很有可能会适得其反。虽然刚刚接触，我们已经可以感觉到子浩的爸爸在对孩子的管教上存在着一些问题。

但是眼下最重要的还是先了解孩子存在的问题。于是，我对子浩的爸爸说："我看这孩子挺好的，这样，你先去忙，让我们和孩子玩一会儿。"

子浩的爸爸听了我的话，便到里屋去了。

我走到子浩身边坐下，温和地对他说："子浩，你看，阿姨像不像会吃人的大老虎?"说着故意张大嘴巴，但眼睛却是带着笑意的。子浩抬头看看我，然后又低下头。看来这孩子内向的性格已经养成一段时间了，即使他看到了，心里有想法，也不会说出来。

我继续问："子浩是个小男子汉，将来长大了，长得比阿姨还高，比爸爸还壮，比老虎还厉害呢!"

内向的孩子，其实就是缺乏信心。所以，一定要多鼓励他们，多称赞他们，给他们希望，让他们感觉出自己其实有很多的优点或是优势，才能够帮他们重拾信心。事实也证明了这一点，子浩听了我的话后，神情已经比较缓和了，而且很轻地点了点头。

二、交际心态需要引导

我继续说："其实两个阿姨今天是来请你帮忙的。我们听你爸爸说你跳格子玩得特别好，阿姨也想学会了去教别的小朋友，你能教我们吗？你看看我们这样玩对不对？"

小吴配合着我，把道具摆好，开始玩起来。子浩在一旁看着，见我们玩得很开心，慢慢地也投入进去了。于是我故意走错，子浩果然说："你走错了。"话刚说出口，但他自己马上又意识到了，神情又有些不自然。我故意忽略掉他的不安，不在意地笑着说："真的吗？让我看看，呀！真是的啊！阿姨真笨，还是子浩聪明。那你帮帮阿姨，看这一步怎么走？是不是放这里？"

子浩见我和小吴都把注意力放在游戏上，并没有盯着他，心中的压力也消除了，开始和我们玩起来。到最后，他已经完全放开了，看到我走错了，手忙脚乱不知道怎么办，就哈哈大笑起来，说："刘阿姨，你又错了。"这时我和小吴又会及时地夸赞他。

看到他已经接受了我们，我便问他："子浩，你玩得这么好，有没有去和别的小朋友一起玩？他们一定没有你玩得棒。"

子浩一听，便低下了头："我不和他们玩，他们玩的我都不会，我怕他们说我。"

从子浩的话中我明白了他的交际心态，他之所以不敢和其他小朋友一起玩耍，是因为看到其他小朋友玩的是自己不熟悉的游戏，就不敢接近，怕"玩不好"。但是，如果孩子不去接触，不去和其他小朋友交流经验，又怎么可能学会呢？这样便慢慢形成了恶性循环。所以，子浩需要培养积极的交际心态。

我问子浩，以前在老家的时候都玩什么游戏。子浩对这个话题很热心，告诉我们农村孩子玩的游戏，像玻璃弹珠、闯关、挑冰棍儿等等。于是，我和小吴就和他进行“游戏交换”，让他教给我们一个自己会的游戏，我们也教给他一个新的，并告诉他以后也可以拿这些游戏和其他小朋友进行“交换”，这样自己会的游戏就会越来越多，也就不怕没有小朋友一起玩了。子浩一下子“换”了好几个新游戏，非常开心，最后表示愿意去和其他小朋友玩了。

三、交际心态需要培养

通过进一步的沟通，我了解到子浩之所以变得这样，主要是因为转学的关系。他已经熟悉了农村的环境、伙伴、游戏规则等等，对他而言，城市是一个完全陌生的世界，忽然从熟悉的环境转到陌生的环境，自然会无所适从。在学校，同学们唱的歌、跳的舞、玩的游戏他都不会，难以融入到集体中，由此产生了自卑心理。而爸爸妈妈的管教方式则加深了这种自卑。

经过与子浩爸爸的沟通，发现他的脾气不太好，看到自己的孩子不像别人的孩子那么懂事，经常呵斥孩子。比如在他向我们说子皓的事情的时候，得知子浩刚来的时候不会刷牙，也不习惯用马桶，让他刷牙时有时他把一管牙膏挤得满地都是。为此，爸爸经常骂他，甚至还打过他，强迫他去适应。在一些小事上，爸爸劝说失去耐心的时候，会采用强硬手段。有客人来了，见子浩做得不好，经常在客人面前责备孩子。这些，这让小子浩越来越觉得自己做什么都是错的，做起事来也越来越畏首畏尾，直到越来越自闭、不良心态的养成。

了解了这些情况后，我和子浩的爸爸认真地聊了聊，给他提出了一些建议。如让他有空闲就带孩子去公众场合，让孩子观察其他小朋友在做什么，鼓励孩子主动走上前去和其他孩子进行交流，当孩子遇到问题时在一旁给他引导等。子浩的爸爸看到我们和子浩玩得很好，自然很高兴，对我们提出的建议也诚恳接受了，并答应不再打骂孩子。

几天后，子浩的爸爸打来电话，听得出来他很高兴。他说，现在子浩已经不再每天躲在家里看电视了，愿意出去找小朋友玩了。我告诉他这是一个好的开端，不要松懈，继续鼓励孩子走出自闭的小圈子，养成勇敢自信的交际心态。

孩子的交际心态决定了他在与人交往时把自己摆在一个什么样的位置。胆小、怯懦、没有主见，处处显得低人一等的孩子在交际中总是处于弱势，因为常常受人压制，甚至会产生阴暗的心理。对这样的孩子，父母和老师应该给予他更多的鼓励，引导他勇敢地走到人群中去，表达出自己内心的想法。

而对于强势的孩子，则要引导他学会关心别人、宽容别人、多问问别人，让孩子在交际过程中以一种平等的关系看待他人。冷漠的孩子则需要大人抽出更多的时间来给予他关爱，只有感受到关怀的温暖，他们才会用真心去对待他人，付出真诚，收获真心。

培养交际品质，赢得交际成功

交际品质是指人们在交往过程中所展现的思想、品性、修养等。虽然很抽象，但却能够通过交际行为令他人真实地感受到，并透过它来评价一个人。良好的交际品质，可以赢得他人的认可，更容易获得交际的成功；而一些不好的交际品质，则会让孩子在交际过程中屡屡受挫，产生各种各样的交际问题。

一、“玩皮球”的游戏

孩子们在一起玩耍时，经常会出现人多玩具少的情况，我们就以“玩皮球”为例。皮球只有一个，孩子却有好几个。这时孩子的表现就能够很清楚地体现他们所具有的交际品质。

有的孩子会说：“这个皮球是我的，只能我玩。”这样的孩子是第一类，我们把它叫做“独占型”。在我们的调研中，浩博的例子就很具有代表性。浩博的妈妈说，自己家就这一个孩子，作为父母，总是希望他能多与其他小朋友接触，但是一旦把他带到有其他孩子的地方，总是显得不合群，跟别人玩不到一块儿去，有时还容易和别的孩子打架。

我问浩博的妈妈：“浩博经常会因为什么原因和别的孩子发生冲突呢？”

她说："大多数时间就是因为这孩子性格太强了，他的东西别人都不能动。我带他出去玩，有时给他拿个玩具让他和别的孩子一起玩。别的小朋友要玩时，他就死护着不给，甚至动手打人。平时在家他都不玩的玩具，一见别人要玩就稀罕得跟宝贝似的。"

在浩博的身上很明显地体现出独占的交际品质。这点其实也是可以理解的，很多孩子天生就具有保护自身利益的本能，在与人交往时，怕自己的玩具被别人抢走，或者被损坏。只是有的孩子表现得不太明显，没有过激的举动，而像浩博则是保护意识特别强，并付诸了行动。

孩子是必须要接触社会、面对社会的。如果不懂得与他人分享，只守护着自己固有的"财产"，慢慢地别的小朋友就不愿意和他交往了。而独占的性格发展到后面，不仅使孩子失去朋友，与社会群体脱离，还会让孩子成为一个自私的人。

在"玩皮球"的游戏中，有的孩子则会说："我有一个皮球，我们一起来玩吧。"这样的孩子属于第二类，我们把它叫做"分享型"。具有"分享型"交际品质的孩子在交际中往往占有优势，他们在进行某项行动时通常会采用询问的方式来征求对方的意见。这样的孩子不强势，不会让别的孩子产生厌烦感、被迫感等排斥心理，有利于交际行为的良好进行。而且我们也会从他们的代表性语言中看出，这样的孩子往往具有领袖气质，能够吸引他人。此外，他们更容易在分享过程中达成目的，享受快乐，收获友谊。这正是家长和老师培养孩子交际能力的最主要的目的。

此外，还有的孩子会说："你们玩吧，我不想玩。"这种交际品质我们把它称为"退避型"。有些孩子会出于各种顾虑不愿意参与到群体活动中去。比如，有的孩子怕在玩耍中受伤；有的孩子担心自己玩得不好，被其他孩子嘲笑；有的孩子担心衣服脏了回家会被父母责骂；有的孩子对这项活动不感兴趣，觉得没意思等等。“退壁型”交际品质的孩子即使有好的机会摆在他的面前，他也总会找借口退缩，主动退出交际活动。

交际品质决定交际行为，而交际行为则是影响交际质量的关键因素。父母和老师不仅要教给孩子知识和技能，更要注意培养孩子优良的交际品质，帮助他们更好地赢得交际成功，给孩子铺就成功的阶梯。

二、孩子应具备怎样的交际品质

孩子在交往过程中会遇到各种各样的人，有同龄人也有长辈，还有比他们小一年龄段的弟弟妹妹。在与不同的人交往时，孩子突出表现的交际品质也是不一样的。

与同龄人交往时，接触得最多的就是同龄人，他们的同学、最要好的玩伴都是与他们年龄相差不多的。他们之间具有相近的智力发育水平和社会经历，所以沟通起来会有共同语言。

孩子在与同龄人交往时，应教他们学会团结合作和分享快乐。例如，交往中多征求对方的意见，“我们一起来好不好？”“让我来帮助你吧？”与同伴发生矛盾时，要宽容大度，原谅对方的错误；如果是自己做错了，就要勇敢承担，不逃避，不推责。对待朋友要真诚、热情……

与年龄小的孩子交往时，要培养孩子的责任心、爱心和耐心，养成孩子关爱他人、懂得谦让的美好品质。家长要多用类似“你是哥哥，要照顾弟弟妹妹”“你比他大，要让着他啊”这样的话来提醒孩子。

与年龄大的孩子交往时，要懂得多向对方请教和学习，并能够表达出自己的意见以供参考。

与长辈交往时，孩子应懂礼貌，知感恩。例如，对长辈态度恭敬，认真回答长辈的问话；如果大人在一起聊天，不要随意插嘴；受到长辈夸奖或接受对方的帮助或馈赠时，及时说“谢谢！”等等。

三、影响孩子交际品质的因素

根据调研所获得的大量案例，我们发现，影响孩子交际品质的因素主要有以下三种。

第一，父母的影响。孩子的生活环境对他们交际品质的养成有着举足轻重的作用。生活环境既包括外在的生活条件，也包括孩子接触的人群。古人常说“虎父无犬子”，很多孩子长大后会继承父母的职业，也会继承父母的性格，就是因为受父母生活习惯、性格行为的影响，耳濡目染之中形成了定性。

如果父母自身本来就有一些交际问题，没有一个好的交际品质，那么，需要注意的是在与孩子接触的过程中或者在孩子面前，一定要拿出正确的交际方式来影响孩子，不可重演“上梁不正下梁歪”的悲剧。

第二，孩子自身的交际技能。孩子的社会技能包括他与人相处的方式和处理问题的能力等。当孩子尝试与他人交往时，首先征求对方意见的孩子更关注他人的感受，也因此更容易受到欢迎。如果强迫其他的孩子与自己玩耍，听从自己的安排，就会使他人远离，不愿意同他交往。而习惯躲在大人后面的孩子则会被人忽略，交际圈越来越小。

在游戏过程中遇到了问题，比如“风筝挂到树上了”，有的孩子只会无助地大哭，有的孩子会推卸和逃避责任，而有的孩子则会积极主动地想办法克服困难。显然，有思想、有办法，懂得去帮助他人的孩子拥有较好的交际品质，更受他人的欢迎。

第三，后期的培养。孩子的交际品质是可以通过人为的努力进行优化的。我们花费了大量的时间和精力来从事这项调查，不仅是为了找出独生子女身上存在的交际问题，更是为了通过一些实实在在的案例给大家提供一些独生子女培养方面的参考意见，使父母和老师在培养孩子交际能力时多一些借鉴。

在浩博的案例中，我建议浩博的妈妈不要用特殊化来对待孩子，然后再采用反思的方式加以引导。如果吃饭时浩博想要吃虾，往常妈妈会把所有的虾都给他，这次妈妈就会试着对他说："虾是妈妈辛辛苦苦做好的，而且妈妈也很喜欢吃，但是妈妈愿意把劳动成果分享给浩博。那么，浩博可不可以拿你面前的西红柿和妈妈交换啊？"

如果孩子已经习惯了对"虾"的占有，则可以换一个他没有接触过的物品来尝试。对于饭菜、饮食、玩具等，要让孩子觉得这是大家的，而不是只属于他一个人，慢慢地培养他一起分享的习惯，然后再把这种引导扩展到孩子与其他小朋友的交际过程中。

良好的交际品质可以有效地提升交际能力。父母和老师的榜样作用以及对孩子的正确引导在其中产生着重要影响。它可以帮助孩子树立积极的交际心态，改变不良交际习惯，让孩子形成良好的交际品质，最终赢得交际的成功。

图书在版编目（CIP）数据

让孩子学会处世：独生子女交际能力阶梯培养 / 刘瑞琴 著.
-- 北京 ：作家出版社，2014.4
ISBN 978-7-5063-7156-8

Ⅰ. ①让… Ⅱ. ①刘… Ⅲ. ①青少年 - 人际关系 - 能力培养 ②青少年教育 - 家庭教育 Ⅳ. ①C912.1 ②G78

中国版本图书馆CIP数据核字（2013）第247143号

让孩子学会处世——独生子女交际能力阶梯培养

作　　者：刘瑞琴
责任编辑：田小爽
装帧设计：张晓光
出版发行：作家出版社
社　　址：北京农展馆南里10号　　**邮　　编：**100125
电话传真：86-10-65930756（出版发行部）
86-10-65004079（总编室）
86-10-65015116（邮购部）
E-mail:zuojia@zuojia.net.cn
http://www.haozuojia.com（作家在线）
印　　刷：北京明月印务有限责任公司
成品尺寸：152×230
印　　张：15.5
版　　次：2014年4月第1版
印　　次：2014年4月第1次印刷
ISBN 978-7-5063-7156-8
定　　价：29.00元